DIE TROTZPHASE

Verstehe dein Kind in dieser Zeit, begleite es wertschätzend und lass den Sturm an dir vorüberziehen.

Petra Straßmeir
Oktober 2015

1. Auflage: 2015
Lektorat: Julie Gebhardt
Covergestaltung: Petra Straßmeir (mit Hilfe von Cover Creator/Create Space)
Titelbild: Sonya Wörz

Webseiten der Autorin:
www.kleinwirdgross.de
www.facebook.com/kleinwirdgross.de

Disclaimer

Die Inhalte dieses Buches wurden mit größter Sorgfalt erstellt. Für die Richtigkeit, Vollständigkeit und Aktualität der Inhalte kann ich jedoch keine Gewähr übernehmen. Dieses Buch enthält Links zu externen Webseiten Dritter, auf deren Inhalte ich keinen Einfluss habe. Deshalb kann ich für diese fremden Inhalte auch keine Gewähr übernehmen. Für die Inhalte der verlinkten Seiten ist stets der jeweilige Anbieter oder Betreiber der Seiten verantwortlich. Die verlinkten Seiten wurden zum Zeitpunkt der Verlinkung auf mögliche Rechtsverstöße überprüft. Rechtswidrige Inhalte waren zum Zeitpunkt der Verlinkung nicht erkennbar. Eine permanente inhaltliche Kontrolle der verlinkten Seiten ist jedoch ohne konkrete Anhaltspunkte einer Rechtsverletzung nicht zumutbar.

Alle Praxistipps sind Vorschläge, was ein Elternteil in der Trotzphase versuchen kann. Die Eltern sind jedoch verpflichtet zu schauen, was zu ihnen, ihren Kindern und ihrer Lebenssituation passt und ihnen weiterhilft. Nicht jeder Tipp passt zu jeder Familie!

Vorwort

„Du stehst auf und freust dich auf einen schönen Tag mit deinem Kind. Bis zum Mittagessen hast du jedoch schon zwei Wutanfälle deines Kindes erlebt und zwei weitere gerade noch abgewehrt." Das ist alles andere als „schön" oder „entspannt".

Die Zeit der sogenannten Trotzphase kann sehr anstrengend für Eltern und Kind sein. Nicht selten fühlen sich Eltern hilflos, unsicher oder gar verzweifelt, angesichts der vielen Wutanfälle. Sie können überwältigt sein von den Herausforderungen, die der Alltag mit Kleinkindern mit sich bringt. Oft sind sie ohne Hilfe von außen auf sich alleine gestellt.

Um dieser Hilflosigkeit und dem Gefühl, überwältigt zu sein, entgegenzuwirken und Mut zu machen, neue Wege in der Trotzphase zu beschreiten, habe ich dieses Buch geschrieben. Du fragst dich jetzt vielleicht, was mich dazu befähigt, über dieses Thema zu schreiben?

Ich bin Erzieherin und habe einige Jahre im Kindergarten und viele Jahre als Nanny in Familien gearbeitet. In all diesen Jahren betreute ich immer Kinder im Trotzalter. Jetzt habe ich selbst zwei Kinder: eines kommt so langsam aus der Trotzphase heraus und das andere geht hinein. Ich hatte also die Möglichkeit, die Trotzphase aus der Sicht einer Erzieherin, einer Nanny und einer Mutter zu erleben. Ich musste mich immer wieder aufs Neue auf die Kinder und deren Lebenssituation einstellen und nach Wegen suchen, um dem Kind – und auch mir selbst – durch die Trotzphase zu helfen. An diesem über 10jährigen Erfahrungsschatz möchte ich dich nun teilhaben lassen.

Das Buch soll dir helfen,

- die Trotzphase zu verstehen – denn nur was du verstehst, kannst du auch gelassener annehmen

- dein Kind in der Trotzphase zu verstehen – nur wenn du dein Kind verstehst, kannst du es auch einfühlsam und wertschätzend begleiten
- zu verstehen, was dein Kind in der Trotzphase braucht – mit diesem Verständnis wird ein Wutanfall abgeschwächt bzw. entsteht erst gar nicht
- dein Kind während eines Wutanfalles wertschätzend zu begleiten – das zeigt deinem Kind: Ich habe dich lieb und bin für dich da
- herauszufinden, wie du dein Kind in seinem Drang nach Selbständigkeit unterstützt – das reduziert die potentiellen Wutanfall-Situationen
- herauszufinden, was du tun kannst, damit es weniger Anlässe für Wutanfälle gibt
- in dieser anstrengenden Zeit so ruhig und gelassen zu bleiben, wie du es kannst – deine Ruhe und Gelassenheit wird einen positiven Einfluss auf dein wütendes Kind haben und den Wutanfall nicht unnötig in die Länge ziehen.
- anhand der aufgezeigten Alternativen ganz gut mit der Trotzphase zurecht zu kommen
- anhand von Fragestellungen deine Handlungen bzw. dein Denken während der Trotzphase zu hinterfragen – vielleicht kommen dir dabei die besten Ideen, wie du und dein Kind die Trotzphase entspannen könnt.

Mit diesem Buch möchte ich dich nicht unter Druck setzen, perfekt zu sein oder perfekt zu werden! Wir sind alle Menschen und machen Fehler, für die wir uns – wenn wir Größe haben – bei unseren Kindern entschuldigen. Wir haben gute oder schlechte Tage, wir sind gelassen oder unter Zeitdruck, wir sind glücklich oder traurig… all das hat großen Einfluss darauf, ob wir es schaffen, unsere Kinder wertschätzend durch die Trotzphase zu begleiten – oder auch nicht.

Es folgen ein paar Tipps, wie du das Buch nutzen kannst, ohne dich unter Druck zu setzen:

- Suche dir eine Situation in deinem Alltag aus, die du als erstes verändern möchtest und konzentriere dich darauf. Ein Tag mit Kind ist lange und wenn du dein Verhalten ständig kontrollieren musst/willst, wird das ziemlich anstrengend werden. Frustration und das Aufgeben der Veränderung werden bald folgen!
- Sei dir bewusst: jedes Kind ist anders – bei dem einen Kind hilft eine Alternative, beim anderen Kind wiederum eine andere. Auch jeder Erwachsene ist anders und lebt unter anderen Umständen. Es kann also nicht die einzig mögliche Art und Weise geben, um mit der Trotzphase umzugehen. Deshalb habe ich in dem Buch auch viele Möglichkeiten aufgezeigt, was du tun kannst, um gut durch die Trotzphase zu kommen. Probiere sie aus und schaue, welche bei dir und deinem Kind funktionieren und zu eurer Lebenssituation passen.
- Nimm das Buch als Inspiration, andere Wege auszuprobieren. Du musst nicht alle davon umsetzen und schon gar nicht perfekt. So nimmst du dir den selbstgemachten Druck.
- Nütze das Buch, um über dich und dein Verhalten nachzudenken – aber gehe nicht ins Gericht mit Dir! Es ist bestimmt von Vorteil, wenn du dich selbst hinterfragst, was du vielleicht zu einer schwierigen Situation beigetragen hast oder was du anders machen kannst. Aber dich selbst verurteilen musst du deswegen nicht
- Du musst nicht alles Gelesene perfekt umsetzen! Anfangen, ausprobieren, kleine Veränderungen vornehmen ist gut genug!

Das Buch soll dir demnach neue Sichtweisen und Strategien offenbaren, wie du die Trotzphase anders handhaben kannst. Du musst jedoch selbst ausprobieren was für dich, deine Kinder bzw. deine Familiensituation passt und funktioniert.

Ich wünsche Dir ganz viel Kraft, Humor, Geduld und Gelassenheit in der Trotzphase.

Petra Straßmeir

Was dich erwartet

Es erwartet dich ein theoretischer erster Teil, in dem du das Wichtigste über die Trotzphase und dein Kind in dieser Zeit erfährst.

Im zweiten Teil geht es um das wertschätzende Begleiten deines Kindes während der Trotzphase. Ich zeige dir auf, was du für dein Kind in dieser Zeit tun und wie du auf Wutanfälle reagieren kannst.

Im dritten Teil gehe ich auf Methoden ein, die einige (nicht alle!) Wutanfälle überflüssig machen und die dir aufzeigen, was du tun kannst, um ruhiger und gelassener durch die Trotzphase zu gehen.

Das Buch runde ich mit Reflexionsfragen für dich ab. Zu einigen Kapiteln dieses Buches habe ich Fragen formuliert, die dich zum Nachdenken anregen sollen und Veränderungen initiieren können.

Ich habe dieses Buch als Mutter (mit pädagogischem Hintergrund) für Mütter und Väter geschrieben. Aus diesem Grund habe ich mich dazu entschlossen, dich mit „Du" anzureden. Persönlich: von Mutter zu Mutter bzw. Vater

Über mich

Du fragst dich vielleicht, wie ich dazu gekommen bin, dieses Buch zu schreiben. Ich gebe Elternkurse zu bestimmten Themen, die den Alltag mit Kind betreffen. Die Trotzphase ist eines dieser Themen. Während der Vorbereitung und Durchführung des Trotzphase-Kurses merkte ich, dass ich in diesem zeitlich begrenzten Rahmen nicht alles unterbringen konnte, was ich als wichtig erachtete. Daraus hat sich die Idee, ein Buch über die Trotzphase zu schreiben, entwickelt.

Meine Ausbildung zur Erzieherin und meine langjährige Erfahrung mit Kindern im Trotzalter (erst als Erzieherin, dann als Nanny und jetzt als Mutter) haben mir die Möglichkeit gegeben, mein pädagogisches Wissen mit dem Alltag einer Mutter zu vereinen.

Das heißt jedoch nicht, dass ich es in jedem Moment schaffe, dieses Wissen bei meinen eigenen Kindern anzuwenden. Schlafentzug, anderweitige Alltagsprobleme, Zeitdruck und die Anforderungen im Haushalt haben mich eines Besseren belehrt. Ich reagiere nicht immer so, wie ich es gerne möchte – bin somit alles andere als eine perfekte Mutter. Ich bin ein Mensch mit Stärken und Schwächen und das ist gut so.

Mein pädagogischer Hintergrund und meine Trotzalter-Erfahrung geben mir ein Wissen und Methoden an die Hand, die für mich wie ein erzieherischer Leitfaden geworden sind, zu denen ich immer wieder zurückkehre. Es ist wie ein inneres Navigationsgerät: Immer wenn ich vom Weg (= meine Idealvorstellung) abkomme, ruft es mir zu: „ Vom Weg abgekommen – bitte wenden!“

Ich wünsche mir sehr, dass das Zusammenbringen von Wissen und Erfahrung einerseits und dem Alltag einer Mutter andererseits, dir ein wertvolles Buch an die Hand gibt, das du im Alltag als Mutter umsetzen und dir trotzdem ohne schlechtes Gewissen Fehler zugestehen kannst.

Wie du dieses Buch nutzen kannst

Du hast drei Möglichkeiten, dieses Buch zu nutzen:

Möglichkeit 1:

Die Klassische Nutzung. Du liest das Buch von Anfang bis zum Ende durch. Dabei erhältst du einen umfassenden Blick über die Trotzphase, was dein Kind braucht, wie du es wertschätzend begleitest und welche Methoden es gibt, um die Anzahl der Wutanfälle zu verringern bzw. einen Wutanfall abzuwenden. Danach suchst du dir eine „Baustelle" aus, der du dich im Alltag widmen willst.

Möglichkeit 2:

Du liest dir das Inhaltsverzeichnis durch und springst zu einem Thema, das dich entweder brennend interessiert oder zu dem du im Moment Hilfe brauchst. Auf diese Weise kannst du immer wieder von einem Thema zum anderen springen.

Möglichkeit 3:

Wenn dein Kind gerade viele Wutanfälle in einer bestimmten Situation hat, dann schaue im Inhaltsverzeichnis das Kapitel 9 an. Vielleicht habe ich dort deine „Baustelle" aufgeführt? Wenn ja, dann findest du zu dieser Situation viele Querverweise, die zu einigen der im Buch erwähnten Methoden führen, welche für diese Schwierigkeit relevant sind.

Teil 1: Verstehe die Trotzphase und Dein Kind in dieser Zeit

Kapitel 1: Verstehe die Trotzphase

In einem Moment spielt dein Kind noch ganz vergnügt mit seinen Bausteinen und im nächsten Moment wirft es die Bausteine wütend weg und legt sich weinend auf den Boden.
„Oje, ist heute der Tag, an dem die Trotzphase beginnt?“ Diese oder eine ähnliche Frage stellen sich Eltern eines 1-2jährigen Kindes, wenn es zum ersten Mal seiner Frustration lautstark oder theatralisch Luft macht.

Der Begriff „Trotzphase“ ist jedem Elternteil von Kleinkindern bestimmt geläufig. Heutzutage wird vermehrt von der Autonomiephase gesprochen, weil der Begriff Trotzphase in unserer Gesellschaft negativ bewertet wird und den Kern der Phase – das Streben nach Autonomie - nicht trifft. Hinweis: Ich werde in dem Buch trotzdem das Wort Trotzphase verwenden, weil es Eltern einfach geläufiger ist.

Es ist wichtig zu wissen, dass eine Trotzreaktion deines Kindes kein Machtkampf und nicht gegen dich gerichtet ist. Außerdem hat die Reaktion nichts zu tun mit Ungehorsam, Widerspenstigkeit, Starrsinn oder Rücksichtslosigkeit[1]. Dein Kind wird nur selbständiger und unabhängiger und fordert dies mit Nachdruck. So kämpft sich dein Kind den Weg frei von helfenden Händen, die es am Üben hindern möchten.

Definition von Trotz und Autonomie

Trotz ist ein Verhalten des Widerstands, ein Beharren auf seiner Meinung bzw. seinem Recht. Autonomie hingegen bedeutet: Unabhängigkeit, Selbständigkeit, Willensfreiheit.

Im Grunde ist das Streben nach Autonomie der Auslöser für Trotz, wenn dem Bestreben nach Unabhängigkeit, Selbständigkeit bzw. Willensfreiheit nicht nachgegeben wird.

Warum gibt es die Trotzphase?

Die Trotzphase ist der Übergang vom Säugling zum Kind, in der sich das Kleinkind von der symbiotisch engen Bindung zur Mutter ablöst. Dein Kind entdeckt sich als eigenständiges Individuum und möchte sich nach außen hin abgrenzen. Das tut es auch, indem es seine eigenen Wünsche lautstark vertritt und auf seine Meinung besteht. Die Trotzphase ist ein Ablöseprozess.

In der Trotzphase gibt es einen Konflikt zwischen dem, was dein Kind will und dem, was es darf. Anders ausgedrückt: ein Konflikt zwischen dem, was sich dein Kind wünscht und wie die Realität aussieht. Aus diesem Konflikt heraus entstehen Gefühle der Wut, Hilflosigkeit, Verzweiflung und Frustration.

Der Wunsch nach Selbständigkeit wird in der Trotzphase immer größer. Dein Kind möchte selbständig tätig sein und sich an seinem Können erfreuen. Wenn diesem Drang nach Selbständigkeit jedoch ein „Nein“ entgegengesetzt wird, führt das zu Frustrationen, welche sich in einem Wutanfall entladen können.

Die körperlichen Fähigkeiten deines Kindes sind noch nicht so weit entwickelt wie die geistige Vorstellungskraft. Das ist frustrierend für dein Kind, weil etwas nicht so klappt, wie es sich das vorgestellt hat. Dein Kind hat ein Ziel vor Augen und schafft es nicht, dorthin zu kommen. Der Ärger darüber entlädt sich in einem Wutanfall.

Es fällt deinem Kind in diesem Alter schwer, seine Bedürfnisse aufzuschieben, weil es im Hier und Jetzt lebt. Dein Kind kennt kein

„gleich", „bald" oder „später" und denkt sich, dass sein Bedürfnis/Wunsch nicht erfüllt wird. Darüber ist dein Kind dann verständlicherweise enttäuscht.

Gerade ganz junge Kinder haben noch keine Möglichkeit, ihren Ärger verbal herauszulassen, weil ihnen dazu die nötige Sprache fehlt. Sie drücken ihre Wut dann mit ihrem ganzen Körper aus.

Kinder lieben Gewohnheiten. Sie mögen es, wenn Situationen immer in der gleichen Reihenfolge ablaufen. Sie fühlen sich sicher, wenn alles so ist, wie sie es gewohnt sind. Wehe dem, der sich traut, diese Situation oder Reihenfolge zu verändern! Die Folge einer Veränderung kann ein großer Wutanfall sein.

Vom Säugling zum Kind ist es ein riesengroßer Sprung. Dein Kleinkind muss so viele neue Fertigkeiten erlernen. Dies schafft es nur, wenn es auch üben darf. Aus diesem Blickwinkel betrachtet ist es sogar sinnvoll, dass dein Kind viel „Nein" oder „selber machen" sagt, weil es dadurch die Möglichkeit für sich schafft, seine Fertigkeiten zu üben. Das Kind grenzt sich ab und schafft sich einen Raum, in dem es etwas in seinem eigenen Tempo lernen kann. Nur durch die Abgrenzung kann es seine Stärken erfahren und von Hilfestellungen unbehelligt üben[2]. Das Erlernen einer neuen Fertigkeit ist jedoch nicht immer einfach und kann das Kind verärgern.

Kleinkinder können sich noch nicht in andere Menschen hinein versetzen und verstehen deshalb nicht, warum sie etwas nicht machen dürfen. Sie können es nicht aus der Perspektive des Erwachsenen sehen. Dein Kind sieht es so, als würdest du es daran hindern wollen, etwas Interessantes zu tun oder zu erforschen. Dagegen wird dann lautstark protestiert!

Dein Kind ist täglich vielen Eindrücken und Erlebnissen ausgesetzt, die auf es einstürmen. Es lernt so viele neue Sachen kennen – jeden Tag aufs Neue. Darüber hinaus ist es noch vielen unterschiedlichen Reizen im Laufe eines Tages ausgeliefert, aus denen es sich nicht entziehen kann (Freunde des Geschwisterkindes sind da, Besuch einer Krippe). Da wundert es nicht, wenn das Kleinkind einfach nur überfordert von allem ist und deshalb die innere Anspannung über einen Wutanfall entlädt!

Wie lange dauert die Trotzphase?

Die Trotzphase beginnt nicht an einem Tag und sie verläuft bei jedem Kind anders. Es ist, wie der Name schon sagt, eine Phase, die vorüber geht. Meiner Erfahrung nach ist die Trotzphase nicht linear ansteigend, sondern ist ein Kommen und Gehen – wie Ebbe und Flut. Es gibt Zeiten, in denen kein Wutanfall auftritt und dann wiederum Wochen mit so vielen Wutanfällen, dass du gar nicht mehr weißt, wie du noch einen weiteren Wutanfall überstehst. Die Durchschnittsdauer der Trotzphase beträgt eineinhalb Jahre. Hinzu kommen die Anfänge der Trotzphase und ein sich ausschleichendes Ende.

Die Anfänge:

Zwischen dem 14. und 18. Lebensmonat zeigen die meisten Kinder erste Anzeichen der Trotzphase. Ich habe Kinder betreut, die sich schon mit 15 Monaten vor Wut auf den Boden warfen und andere wiederum, bei denen ich, bis sie zwei Jahre alt waren, kaum etwas von der Trotzphase gemerkt habe.

Die Hauptzeit:

Die Zeit zwischen 18 Monaten und 3 Jahren gilt als die Hauptzeit der Trotzphase. Die Anzahl der Wutanfälle kann stark variieren. Zwischen einige Male pro Tag und nur ein Mal die Woche. Zwischen vielen

Wutanfällen für einige Wochen und dann wieder länger keine. Bei manchen Kindern dachte ich, die Trotzphase sei entspannt. Bis sie dann mit 2,5 Jahren häufige und starke Wutanfälle bekamen. Je nach Temperament des Kindes wird es die Trotzphase anders erleben und verarbeiten. Auch deine Art und Weise, wie du mit der Wut deines Kindes umgehst, wird dein Kind in der Trotzphase beeinflussen.

Das langsame Ende:

Mit 3 Jahren steigen die Fertigkeiten des Kindes enorm an und es verspürt weniger Frustration bei der Umsetzung seiner Vorstellungen. Darüber hinaus kann es sich nun verbal viel besser ausdrücken und verständlich machen. Dies führt in den meisten Fällen dazu, dass die Wutanfälle weniger werden. Bei Kindern ab 4 Jahren merkte ich, dass die Frustrationstoleranz ansteigt. Sie versuchen zwei- oder dreimal, ihre Vorstellungen umzusetzen, bevor sie richtig wütend werden. Nur wenn sie müde, erschöpft oder hungrig sind, treten Wutanfälle schnell auf.

Trotzdem kann es passieren, dass dein Kind auch noch mit 4 Jahren aus heiterem Himmel (für dich zumindest), von der Wut übermannt wird. Allgemein gesagt wird dein Kind ab 4 Jahren wieder etwas "ruhiger" und ausgeglichener, was aber nicht heißt, dass es keine Wutanfälle mehr gibt.

Erst im Grundschulalter lernen Kinder, wirklich bewusst mit Wut, Trauer, Frustration und Enttäuschung umzugehen, diese präzise auszudrücken und auch Wege zu finden, um die negativen Gefühle wieder loszuwerden. Grundschulkinder können auch Wünsche und Bedürfnisse bewusst aufschieben, weil sie dann ein Zeitgefühl entwickelt haben. Das Ende der Trotzphase ist somit zu Beginn der Grundschulzeit.

Woran erkennst du die Trotzphase?

Es folgt eine kleine Liste von möglichen Verhaltensweisen, die dein Kind in der Trotzphase zeigen kann. Nicht alle müssen auftreten und auch nicht zur gleichen Zeit:

- Dein Kind sagt plötzlich mit Nachdruck „Nein“ und beharrt auf seiner Meinung. Mit vehementem Kopfschütteln oder „Nein“ sagen, macht es deutlich, dass es etwas nicht so möchte, wie du es dir vorstellst.
- Dein Kind sträubt sich gegen andere Vorschläge von dir, will nur die eine Sache machen, die es sich in den Kopf gesetzt hat.
- Dein Kind zeigt Widerstand/Wut mit vollem Körpereinsatz. Es wirft sich auf den Boden, tritt, schlägt, stampft, wirft Dinge oder schlägt gar seinen Kopf an die Wand.
- Dein Kind zeigt seine Frustration mit verbalen Äußerungen wie zorniges Weinen, Schreien, Kreischen, Schimpfen, „Nein“, „Alleine“, „Selber machen“.
- Dein Kind will plötzlich seinen Alltag bestimmen: Es sagt, aus welcher Tasse es trinken und von welcher Tellerfarbe es essen möchte. Und wehe dem, der sich diesem Wunsch widersetzt!

In der Trotzphase kommt es allgemein gesagt zu vermehrten Wutanfällen[3], wenn dein Kind

- etwas haben möchte, was ihm nicht gegeben wird (Telefon)
- etwas machen möchte und in seiner Tätigkeit unterbrochen wird, (dein Kind ist gerade dabei, die Knöpfe der Spülmaschine zu drücken und du nimmst dein Kind von der Spülmaschine weg)
- noch bei Kindern bleiben möchte und von Erwachsenen weggeholt wird (dein Kind will nach der Spielgruppe noch nicht nach Hause gehen)
- nicht seinen Wunsch erfüllt bekommt (dein Kind erwartet, dass du ihm ein Buch vorliest, du hast aber keine Zeit)

- nicht selbständig sein darf, wenn es dies möchte (du ziehst deinem Kind die Socken an und plötzlich möchte es das selber machen und wehrt sich)
- aus seiner Sicht zu einer sinnlos erscheinenden oder widerwärtigen Tätigkeit gezwungen wird (du willst deinem Kind die Zähne putzen)
- nicht den gleichen Ablauf bekommt, den es gewöhnt ist (du vergisst, dass dein Kind immer nach dem Mittagessen ein Buch mit dir anschaut)

Kapitel 2: Verstehe dein Kind in der Trotzphase

Du hast deinen Säugling ohne Worte verstanden – meistens zumindest. Jetzt hast du ein Kleinkind, das schon ein paar oder gar viele Wörter spricht und du verstehst dein Kind nicht mehr. Ohne Verstehen aber gibt es kein Verständnis. Ich bin der Überzeugung, dass Menschen das Verhalten anderer viel besser annehmen können, wenn sie verstehen, warum diese so handeln. Deshalb möchte ich dir jetzt einen Einblick in die Welt deines Kindes im Trotzalter geben. Damit du dein Kind verstehst und Verständnis für dein Kind aufbringen kannst – gerade auch in schwierigen Zeiten.

Was passiert während der Trotzphase in der Entwicklung deines Kindes?

Dein Kind durchläuft im Alter von 15 Monaten bis 3 Jahren einige Entwicklungsschritte:

Zuerst wird sich dein Kleinkind darüber bewusst, dass es Dinge selbständig machen kann (ein Auto schieben, sich hochziehen, laufen). Es spricht die ersten Wörter und entdeckt das „Nein". Der Drang, selbstwirksam zu sein und das deutliche Abgrenzen haben ein Ziel: Fertigkeiten zu erlernen, einzuüben und zu perfektionieren. Wenn du dein Kind daran hinderst, reagiert es ungehalten, weil es unbedingt lernen will.

Um den 15. Lebensmonat herum kommt die Fähigkeit hinzu, Prinzipien wahrnehmen zu können[4]. Das ist die Fähigkeit, sein Denken und Handeln von Regeln leiten zu lassen, aber auch ein Schema zu erkennen, nachdem etwas abläuft („Immer wenn Mama das Pulver in die Spülmaschine gibt, darf ich danach die Knöpfe drücken"). Wenn es dir dann einmal passiert, dass du dich nicht an eine Regel hältst oder einen Ablauf anders gestaltest, kann dein Kind verunsichert oder auch wütend darauf reagieren. („Mama macht wieder das Pulver in die Spülmaschine. Gleich darf ich drücken! Aber was ist jetzt los? Sie räumt wieder das Geschirr ein. Ich darf nicht die Knöpfe drücken!“ Weinen und Schluchzen folgen).

Außerdem lernt Dein Kind jetzt, was es tun muss, um an ein Ziel zu kommen. Es hat eine Vorstellung und kennt einen Weg zum Ziel. Zum Beispiel möchte dein Kind einen Ball haben, den es unter dem Schrank entdeckt hat (Vorstellung). Dein Kind legt sich vor den Schrank und schiebt seinen Arm unter den Schrank, um den Ball hervorzuholen (das ist sein Weg zum Ziel). Liegt der Ball zu weit hinten, erreicht das Kind ihn nicht. In diesem Alter weiß dein Kind noch nicht, dass auch zwei unterschiedliche Vorgehensweisen zum gleichen Ziel führen können (mit einem Stock unter den Schrank gehen und den Ball auf diese Weise zum Vorschein bringen).

Deshalb sind Frustrationen in diesem Alter vorprogrammiert. Dein Kind weiß, was und wie es etwas will und muss manchmal feststellen, dass es mit seinem Weg einfach nicht zum Ziel kommt – egal wie sehr es sich dabei anstrengt (es kann seinen Arm auch noch so weit strecken und kommt trotzdem nicht an den Ball heran, wenn dieser zu weit hinten liegt).

Mit 2 Jahren macht dein Kind die überwältigende Entdeckung des Ich´s[5]. Die Welt dreht sich für dein Kind um es selbst. Dein Kind kann sich noch nicht in andere Personen hineinversetzen, es kennt nur sich und seine Wünsche und kann sich nicht vorstellen, dass du etwas anderes fühlst oder möchtest wie es selbst. Deshalb versteht dein Kind es nicht, wenn du gegen seine Wünsche handelst.

Auch wird „meins" und „deins" in dieser Zeit wichtig, weil dein Kind mit Sicherheit weiß, dass es eine eigenständige Person ist. Wenn dieses „meins" nicht respektiert wird, fühlt sich dein Kind angegriffen.

Mit 2 Jahren wird sich dein Kind immer mehr dessen bewusst, was es tut. Es kann sich zunehmend das Ergebnis und Ziel seines Handelns vorstellen und ist deshalb enttäuscht und verzweifelt, wenn ihm das nicht gelingt oder es ihm verwehrt bleibt[6].

Zwischen dem 2. und 3. Geburtstag verstärkt sich der Drang nach Selbständigkeit. Gleichzeitig sehnt sich dein Kind immer noch nach Sicherheit und Geborgenheit. Es herrscht ein Konflikt zwischen Autonomie und Nähe zur Bezugsperson. Dieses Dilemma wird dein Kind noch viele Jahre begleiten. Es ist jedoch im 3. Lebensjahr besonders deutlich. In dieser Zeit ist es wichtig, dass du dein Kind in seinem Autonomiestreben unterstützt, ihm aber gleichzeitig immer das Gefühl gibst, für es da zu sein, es zu beschützen und es zu bemuttern[7].

Trotz deiner besten Absichten kannst du es deinem Kind in dieser schwierigen Zeit nicht immer Recht machen. Gibst du Geborgenheit und machst etwas für dein Kind, will es Autonomie haben und es selbst machen. Lässt du dein Kind etwas selber machen, möchte es viel lieber von dir umsorgt werden. Dein Kind schwankt ganz schnell zwischen Autonomie und Sicherheit, weil es einerseits unabhängig sein will, andererseits aber Angst davor hat, in Opposition zu dir zu sein. Es ist also eine verwirrende Zeit für dein Kind.

Dein Kind erlebt zwischen dem 2. und 3. Geburtstag seine Gefühle sehr intensiv und als „schwarz oder weiß". Dein Kind ist traurig oder glücklich, wütend oder fröhlich. Die kleinen Nuancen dazwischen? Darauf konzentrieren sich Kinder erst später. Somit gibt es nicht ein bisschen Frust, sondern gleich richtige Wut.

Zwischen 2,5 und 3 Jahren bekommt dein Kind zum ersten Mal Einblicke in Motive, Gefühle und Interessen nahestehender Personen[8]. Es ist die Zeit, in der dein Kind zum ersten Mal Kompromisse eingehen kann. Das heißt jedoch nicht, dass es sich ständig der Motive, Gefühle und Interessen anderer bewusst ist! Dein Kind bekommt einen Einblick – mehr aber auch nicht, weil dein Kind in diesem Alter immer noch mit sich beschäftigt ist. Einfache Kompromisse sind möglich, wenn dein Kind es in diesem Moment schafft, sich auf dich und deine Welt einzulassen. Erst mit fast 4 Jahren kann sich dein Kind vorstellen, was du fühlst oder was für dich interessant ist. Es kann sich nun immer besser in andere Menschen hineinversetzen, was es auch mit Hilfe von Rollenspielen übt.

Zwischen dem 3. und dem 5. Lebensjahr beeinflusst die sogenannte magische Phase das Denken und Handeln deines Kindes. Während dieser Phase ist in der Vorstellung deines Kindes alles möglich. Alles, was es sich wünscht und denkt, könnte tatsächlich auch so eintreten[9]. Das kann große Ängste in deinem Kind erwachen lassen. Wenn du dein Kind nun nicht ernst nimmst in seiner Angst, kann das Wutanfälle zur Folge haben, weil sich dein Kind mit Händen und Füßen gegen etwas, wovor es Angst hat, sträubt.

Was lernt dein Kind während der Trotzphase?

Dein Kind lernt in dieser Zeit, sich immer mehr als eigenständiges Individuum zu sehen, welches eigene Absichten und Handlungsziele hat und selbst Vieles bewirken kann. Das „Handbuch Kinder“ drückt den Lernprozess so aus: *„Jedes Mal, wenn das Kind „nein“ sagt, oder gerade das Gegenteil von dem, was von ihm erwartet wird, sagt, will und tut, lernt es, sich immer mehr als eigenständiges Individuum mit eigenen Absichten und Handlungszielen zu begreifen“*[10]

Dein Kind lernt, dass es vielfältigste Grenzen gibt. Grenzen in seinen Fertigkeiten. Grenzen beim Umgang mit einem Objekt. Grenzen, die ihm von Mutter, Vater oder Geschwisterkind gesetzt werden. Auf längere Sicht lernt es, diese Grenzen anzunehmen. Im Moment jedoch sträubt es sich wütend dagegen, weil es voller Tatendrang ist und eine Sache machen oder etwas ausprobieren bzw. erforschen möchte. Es fühlt sich ohne Macht – ohnmächtig. Es ist ein langer Prozess, bis dein Kind Grenzen zu akzeptieren lernt bzw. Wege findet, um einen Kompromiss auszuhandeln.

Dein Kind muss jetzt lernen, mit Enttäuschungen fertig zu werden. Das ist eine große Herausforderung. Als Säugling wurden in der Regel alle seine Bedürfnisse sofort erfüllt. Du warst sozusagen „auf Abruf“ bereit, dich um seine Bedürfnisse zu kümmern. Aus der Sicht deines Kindes, dreht sich die Welt um es, weil es sich noch nicht bzw. ab 3 Jahren noch nicht dauerhaft in andere Personen hineinversetzen kann. Dein Kind hat (meistens) nur seine eigene Sichtweise zur Verfügung und kann deshalb nicht verstehen, warum du jetzt nicht mit ihm spielen willst, wenn es doch selbst so gerne mit dir spielen möchte. Das Kind ist enttäuscht darüber und manchmal ist es deswegen wütend.

In der Trotzphase erfährt dein Kind zum ersten Mal, dass es Regeln und Erwartungen im Zusammenleben mit anderen Menschen gibt. Es lernt, dass es gewisse Regeln gibt, an die es sich halten soll. Dein Kind hört auch, was du von ihm erwartest und es möchte dem entsprechen. Regeln und Erwartungen können dein Kind nun ganz schön verwirren, weil es im Gegensatz zu dem behütet Werden der Säuglingszeit steht.

Während der Trotzphase lernt dein Kind seinen eigenen Willen kennen und sucht nach Strategien, diesen durchzusetzen, wenn es auf ein elterliches „Nein“ stößt. Es will etwas haben (einen Keks) und versucht es zu bekommen (entweder mit Schreien oder mit „bitte-bitte“ oder einer anderen Strategie). Alfie Kohn sagt, *dass das Kind versucht, mit unwillkommenen Grenzen für die Ausübung seines Willens fertig zu werden.* [11]

Dein Kind fängt in der Trotzphase an zu lernen, wie es trotz äußerer Umstände und Erlebnisse, seine eigene Ausgeglichenheit behält bzw. wiedererlangt. Das ist selbst für uns Erwachsene noch schwierig! Wenn du ständigen Wutanfällen deines Kindes ausgeliefert bist, schaffst du es, deine innere Ruhe zu bewahren? Also ich nicht immer...

Nicht zuletzt lernt dein Kind mit jedem Wutanfall, wie es mit Wut umgehen kann. Du kannst ihm dabei helfen, indem du es in seiner Wut begleitest oder ihm Wege zeigst, wie es auch auf andere Art und Weise Wut raus lassen kann: Wütend auf ein Kissen einschlagen oder in ein Kissen rein brüllen – am besten gemeinsam mit Mama oder Papa, denn dann ist es schon wieder lustig und beide können darüber lachen. Gleichzeitig zeigst du deinem Kind, dass du es auch mit seinen starken Gefühlen der Wut annehmen kannst. Es lernt, dass du es auch dann liebst, wenn es sich dir widersetzt.

Wie erlebt dein Kind die Zeit der Trotzphase?

Dein Kind erlebt, dass sein Tun von dir bewertet wird (ob es etwas gut gemacht oder ob es dein Missfallen auf sich gezogen hat) und dass sein Handeln Konsequenzen hat („Wenn ich Mama schlage, dann hält sie meinen Arm fest"). Die Absicht deines Kindes besteht allerdings nicht darin, etwas gut oder schlecht zu machen, bzw. eine Konsequenz zu erfahren. Das Ziel seines Tuns ist das Tun selbst. Es verspürt einen großen Drang, Neues auszuprobieren, die Welt kennenzulernen, Neues zu entdecken und Fertigkeiten zu üben.

Alfie Kohn beschreibt es folgendermaßen: *„Zweijährige sind berühmt dafür, dass sie ständig nein sagen. Doch aus der Sicht des Kindes besteht das Problem darin, dass wir dauernd nein sagen, es daran hindern, dies* *zu tun, dorthin zu gehen oder mit jenem total interessanten Ding auf der Küchentheke zu spielen“*[12]

Dein Kind hat jetzt eine genaue Vorstellung davon, wie es etwas haben möchte. Wenn es dies aber nicht schafft oder nicht machen darf, dann stürzt es in ein Gefühlschaos:

- Ich will, aber ich kann nicht
- Ich möchte unbedingt und werde daran gehindert
- Ich verstehe die Welt nicht mehr
- Ich habe keine Kontrolle über mein Leben
- Ich spüre unbändige Wut und weiß nicht, wie ich diese wieder weg bekomme

Vielleicht hilft es dir, wenn du dir vorstellst, wie es wäre, mit Fausthandschuhen stricken zu müssen. Schwierig und frustrierend? Genau! So fühlt sich dein Kind, wenn es an seine körperlichen Grenzen stößt, jedoch eine wundervolle Vorstellung von einem Endergebnis hat.

Über Kleinkinder wird sehr oft bestimmt und ihr Verhalten wird korrigiert. Nicht selten wird es ganz ohne Vorwarnung aus seinem Spiel gerissen, um etwas anderes tun zu müssen. Gefühle von Wut, Hilflosigkeit, Verzweiflung und Ohnmacht können entstehen. Aus der Sicht des Kindes ist es nur natürlich, dass es den vermehrten Wunsch hat, sein Leben selbst zu kontrollieren. In kleinen Dingen zeigt dir dein Kind den Wunsch nach mehr Kontrolle: Welche Tasse zum Frühstück rausgeholt werden muss, wie das Brot geschmiert werden soll, wo die Tasse stehen muss. Dein Kind möchte auch Kontrolle über sein Tun haben, stößt dabei aber immer wieder auf Grenzen (in seinen Fertigkeiten oder von dir auferlegt), was sehr frustrierend sein muss.

Dein Kind erlebt hin und wieder, dass es einfach nicht verstanden wird. So sehr es sich auch bemüht, seine Sprache ist manchmal noch nicht soweit ausgereift, dass es sich verständlich mitteilen kann, was mit ihm los ist oder was es braucht. Das ist zum Verzweifeln! Stelle dir vor, du bist in einem fremden Land und sprichst die Sprache nicht. Du brauchst ein Zugticket, um zum Flughafen zu kommen, damit du deinen Flug zurück nach Hause nicht verpasst. Nur dumm, dass du weder fragen kannst, wo der Bahnhof ist, noch, wo du das Zugticket bekommst.

In einem Moment fühlt sich dein Kind fähig, alles zu schaffen und im nächsten Augenblick fühlt es sich hilflos und ohnmächtig, weil etwas nicht so geht, wie es sich das vorgestellt hat. Dein Kind will die Welt erobern und dann doch ganz schnell wieder zurück in die Sicherheit von Mamas oder Papas Schoß. Die Trotzphase ist für das Kind eine Zeit der Gegensätze:

- Höhen und Tiefen
- Klarheit und Verwirrung
- Kontrolle und Ohnmacht
- Freude und Wut
- Abenteuerlust und Angst
- Selbständigkeit und Geborgenheit

Wie erlebt dein Kind einen Wutanfall?

Nachdem ich kein Kleinkind fragen kann, was in ihm vorgeht, während es einen Wutanfall hat, soll dieses Beispiel nur ein Anreiz sein, in die Welt deines Kleinkindes einzutauchen. Ein Versuch, das Kleinkind zu verstehen:

„Lara sitzt bei ihren Bausteinen und konzentriert sich darauf, einen Baustein auf den anderen zu setzen. Sie ist ganz in ihr Tun vertieft, in ihrer Welt versunken. In diesem Moment gibt es für sie nur die Bausteine, ihren Turm und die Vorstellung eines hohen Turmes.

Lara ist begeistert von ihrer Fähigkeit, Bausteine zu stapeln und klatscht freudig in die Hände. Beim nächsten Baustein passiert es. Der Turm fängt an zu wackeln. Er kippt langsam. Lara hat keine Handlungsmöglichkeit, um den Turm noch schnell zu begradigen. Ohnmächtig schaut sie zu, wie der Turm auf den Boden stürzt. Ihr Bauwerk ist zerstört. Die Realität und die Vorstellung vom hohen Turm klaffen meilenweit auseinander. Unüberbrückbar. Verzweiflung macht sich breit.

Ihr ganzer Körper ist angespannt und plötzlich löst sich diese Anspannung in einem Schreien und Wegstoßen aller in der Nähe liegenden Bausteine. Lara schreit, kreischt und wirft Bausteine. Sie ist in ihrem Gefühl der Wut, Ohnmacht, Verzweiflung und Enttäuschung gefangen. Sie kennt keinen Weg heraus. Sie hat die Kontrolle über sich selbst verloren.

Deshalb schreit sie einfach weiter, bis plötzlich der Sturm von alleine nachlässt und sie die Bausteine wieder wahrnimmt. Sie sieht den zerstörten Turm und es schmerzt sie sehr, dass er kaputt ist. Sie ist traurig. Bald schon wird ihre Aufmerksamkeit von dem Licht und Schatten gefangen genommen, den die Sonne auf den Boden zaubert. Fasziniert untersucht sie das Spiel von Licht und Schatten. Sie ist wieder fröhlich."

Dein Kind erlebt also eine Enttäuschung oder eine Grenze und der Sturm zieht auf – es wütet eine Weile. Dann lässt die Kraft nach und schon kommt die Sonne wieder hervor. Es ist also wie ein Sommergewitter. Die Enttäuschung und die Wut gehen vorbei – manchmal ganz schnell und ein andermal dauert es länger.

Was passiert aber, wenn auch wir die Kontrolle über uns verlieren, während das Kind wütet? Dein Kind hat schon die Kontrolle über sich selbst verloren und braucht eigentlich Halt und Sicherheit. Wenn nun Mutter bzw. Vater auch noch die Kontrolle über sich und ihre/seine Stimme verliert und wütend bzw. laut wird, dann ist das Kind vollkommen haltlos. Die Anspannung steigert sich, der Wutanfall wird länger und intensiver.

Teil 2: Begleite dein Kind wertschätzend durch die Trotzphase

Kapitel 3: Was braucht dein Kind während der Trotzphase von Dir?

Die Zeit der Trotzphase kann verwirrend und anstrengend für dein Kleinkind sein. Es will die Welt erkunden und stößt dabei auf Grenzen. Es will Unabhängigkeit und kurze Zeit später fühlt es sich ängstlich. In einem Moment fühlt sich dein Kind allmächtig und im nächsten Moment hilflos und wütend. Dieses Auf und Ab ist emotional sehr anstrengend für dein Kind. Du kannst ihm in dieser Zeit Rückhalt geben, wenn du dir darüber im Klaren bist, was dein Kind von dir braucht:

Dein Kind braucht die Bestätigung: „Mama hat mich lieb, so wie ich bin. Sie ist für mich da"

Das Allerwichtigste, das du deinem Kind in der Trotzphase mitgeben kannst, ist das Gefühl, dass es von dir bedingungslos geliebt wird und du für es da bist, wenn es dich braucht. Dieses Gefühl begleitet dein Kind ein Leben lang und gibt ihm Selbstvertrauen. Sehr wahrscheinlich wird es dir nicht jeden Tag gelingen, dein Kind in seiner Wut bedingungslos anzunehmen, weil du müde, erschöpft, angespannt oder krank bist. Das ist auch ganz normal. Es reicht, wenn du es immer wieder einmal schaffst.

Es gab einen Tag, an dem ich zu müde war für einen weiteren Wutanfall meiner Tochter. Ich hatte einfach keine Kraft mehr nach vielen durchwachten Nächten mit ihrem Bruder. Ich habe sie in ihrer Wut alleine gelassen und mich räumlich von ihr entfernt. Für meine Tochter war das das Schlimmste, was ihr passieren konnte. Sie war vollkommen verzweifelt, ohne Halt mit ihrer unbändigen Wut alleine. Das Ende vom Lied war, dass sich ihre Wut ins Unermessliche steigerte, sobald ich sie alleine ließ und sie schreiend hinter mir her gerannt kam. Mein Distanzierungsversuch hat mir im Endeffekt selbst das Leben schwer gemacht – und das meiner Tochter auch.

Mein Weggehen hat sie in tiefe Verunsicherung gestürzt und ihre Wut konnte sie alleine auch nicht unter Kontrolle bringen. Ich habe den Wutanfall verlängert und musste sie am Ende doch dabei unterstützen, sich zu beruhigen, weil sie es alleine nicht schaffte. Ich hätte auch gleich – trotz Müdigkeit und Erschöpfung – bei ihr bleiben und sie in ihrer Wut begleiten können, dann hätte ich wahrscheinlich schon bald wieder ein glücklicheres Kind gehabt – und Ruhe für mich selbst.

So schwer wie es mir bisweilen auch fällt, die immer wieder aufflammende Wut anzunehmen, ich habe gemerkt, dass es mich auch nicht weiter bringt, wenn ich von ihr weggehe (sie kommt schreiend hinterher) oder sie in ihr Zimmer schicke (sie will natürlich nicht alleine drinnen bleiben).

Ich habe durch Erfahrung gelernt, dass der schnellste Weg durch die Wut das Begleiten ist. Das Begleiten ist auch nicht anstrengender als ein außer Kontrolle geratener Wutanfall. Meine Tochter ist nun schon ein Kindergartenkind. Trotzdem flammt die Wut immer wieder mal stark auf (vgl. langsames Ende der Trotzphase – Seite 19). Wenn sie es nicht schafft, sich selbst zu beruhigen, dann kommt sie zu mir und sagt: „Mama ich will mit dir kuscheln“. Ich versuche dann, mir die Zeit zu nehmen, um ihr das zu geben, was sie gerade braucht: Nähe und Geborgenheit, um ihre Wut loszulassen. Sie muss also im Laufe der Jahre gemerkt haben, dass ich sie lieb habe, für sie da bin und dass ihr die körperliche Nähe hilft, um sich zu beruhigen.
Zurück zu „Mama hat mich lieb, so wie ich bin. Sie ist für mich da!“

Wie weißt du, ob du deinem Kind dieses Geschenk machst und es so annimmst wie es ist – mit all seinen Gefühlen – und nicht nur dann, wenn es gut gelaunt und fröhlich ist? Da gibt es einen guten Trick, der dich zugleich motiviert. Vor allem an Tagen, an denen du zu erschöpft und angespannt bist, um all die Emotionen deines Kindes anzunehmen. Frage dich in schwierigen oder anstrengenden Situationen: Wenn dich jetzt jemand von außen beobachten würde, könnte dieser Mensch anhand deiner Worte, deinem Tonfall, deiner Mimik und deiner Handlung gegenüber deinem Kind erkennen, dass du dein Kind liebst, so wie es ist – als ganze Person – nicht nur weil es „lieb und brav" ist (was in schwierigen Situationen meistens nicht der Fall ist)?

Antwortest du mit „Ja"? Dann stärkst du das Selbstwertgefühl deines Kindes und die Beziehung zwischen Euch. Lautet deine Antwort darauf „Nein"? Dann überlege dir, was du tun kannst, damit es der Beobachter sehen würde oder spüren könnte, dass du dein Kind liebst mit all seinen Facetten. Das muss gar nichts Großes sein. Eine Umarmung. Eine Entschuldigung, dass man im Unrecht war. Ein wertschätzendes Wort oder auch die Zeit, die du dir für dein Kind nimmst.

Dein Kind will von dir ernst genommen werden

Ab 1,5 Jahren hat dein Kind schon eine Vorstellung davon, was es will, was es tun oder erschaffen möchte. Es ist ihm genauso wichtig, seine Vorstellungen in die Realität umzusetzen, wie dir. Es möchte also nicht in seinen Wünschen belächelt werden.

Der erste Weg, um dein Kind ernst zu nehmen, ist das aktive Zuhören[13]. Du gibst in deinen Worten wider, was dein Kind gesagt hat bzw. was es dir non-verbal gezeigt hat und wie du es interpretierst. Dadurch merkt dein Kind, dass du versuchst, es zu verstehen. Du nimmst dein Kind ernst und es fühlt sich angenommen und gestärkt.

Beispiele:

Meine Tochter sagt zu mir in verärgerter Stimme: „Ich schaff das Puzzle nicht!". Ich gebe diesen Inhalt in meinen Worten wider und meine Interpretation dazu: „Du schaffst es nicht, dein Puzzle zusammenzusetzen. Das ärgert dich." Mein Sohn kommt zu mir und zeigt mit seinem Finger unter das Regal und macht seine Mitteilungsgeräusche (er spricht noch nicht). „Da ist etwas unter dem Regal. Du willst es haben." Er nickt.

Der zweite Weg, um dein Kind ernst zu nehmen, ist das wertschätzende Sprechen. Ich erkläre auch meinem einjährigen Kind, warum ich „Nein" sage oder heute etwas anders machen möchte. Ich rufe nicht einfach nur ein „Nein" und erwarte Gehorsam. Sondern ich sage: „Finger weg vom Ofen. Der ist heiß. Das tut dir weh". Die Erklärungen zeigen deinem Kind, dass du mit ihm genauso sprichst wie mit den anderen Familienmitgliedern (wenn auch kürzere Sätze) und es somit ein vollwertiges Mitglied der Familie ist, das ernst genommen wird.

Vertraue darauf, dass dein Kleinkind sehr viel mehr versteht, als es spricht. Nimm seine Person ernst und erkläre kurz deine Handlungsweisen. Die Betonung liegt auf „kurz". Ich diskutiere nicht endlos. Entweder es ist mir sehr wichtig und ich erkläre es noch einmal freundlich aber bestimmt. Oder ich merke, mein Kind möchte etwas unbedingt und ich habe keinen triftigen Grund, um mich dem Wunsch zu widersetzen. Dann lenke ich ein mit: „Du willst das wirklich so machen, stimmt´s?" oder ich schlage einen Kompromiss (Seite 72) bzw. eine Alternative (Seite 65) vor. Auch dies zeigt deinem Kind, dass seine Wünsche ernst genommen werden.

Ich habe schon viele Male beobachten können, wie meine Kinder unmutig reagieren wollten, als ich mit „Nein", „Bleib weg von" oder

„Finger weg" anfing. Als ich jedoch freundlich weitersprach, warum ich das möchte, war es oftmals o.k. für sie.

<u>Beispiel:</u>

„Bleib weg von der Lampe!" (Kind schaut unmutig und geht trotzdem weiter auf die Lampe zu), „Die Lampe kann herunterfallen und dir weh tun." (Kind hält inne, schaut mich an, schaut zurück zur Lampe und geht woanders hin).

Kinder ab 3 Jahren nehmen die Erklärung, warum sie etwas tun oder lassen sollen, gerne als Anlass, um eine andere Abmachung auszuhandeln. Eine sehr gute Übung – finde ich. Sie hören meine Gründe und versuchen, ein Gegenargument zu finden, warum sie es doch tun dürfen oder vielleicht in einer abgewandelten Form machen können. Das bereitet den Weg zur Kompromissbereitschaft. Ich lasse also gerne mit mir reden, wenn gute Vorschläge von meinem Kind kommen. Wenn es gerade nicht passt, dann kann ich mein Verständnis für seine Belange ausdrücken und evtl. eine Alternative vorschlagen.

Dein Kind will jetzt Mitentscheiden

Dein Kind möchte sich jetzt immer öfters für oder gegen etwas entscheiden. Das kann die Wahl der Kleidung sein, was es essen möchte, welches Spiel es spielt, wann es schlafen gehen will oder auch, ob es auf den Spielplatz oder doch lieber in den Garten gehen will. Es ist verständlich, dass du deinem Kind nicht in allen Dingen die Entscheidung überlassen kannst (z.B. keine Jacke anziehen im Winter). Wenn du dein Kind immer wieder mal entscheiden lässt, dann ist sein Bedürfnis nach Mitentscheiden schon soweit gesättigt, dass es besser damit umgehen kann, wenn einmal über es entschieden wird.

Mit 1,5 Jahren kannst du dein Kind zwischen zwei Dingen entscheiden lassen, die du zuvor ausgewählt hast. Mehr Entscheidungsfreiheit würde es zu diesem Moment noch überfordern.

Ab ca. 2,5 – 3 Jahren wollen Kinder mehr Mitspracherecht haben, anstatt nur zwischen zwei Dingen auswählen zu dürfen. Sie möchten über Teilaspekte ihres Lebens selbst entscheiden. „Ich will nicht basteln, ich will malen". Oder: „Ich will keine Sandalen anziehen, ich will Gummistiefel"

Wenn es kein gutes Gegenargument gibt, kannst du den Entschluss deines Kindes auch annehmen. Gleichzeitig bestärkst du dein Kind in seinem Streben nach Autonomie und gibst ihm das Gefühl, eine gewisse Kontrolle über sein Leben zu haben. Das ist eine Wohltat für dein Kind.

Dein Kind braucht positive Zuwendung im Alltag

Gerade wenn die Wutanfälle den ganzen Tag überschatten und du froh bist, wenn einmal Ruhe herrscht, ist es wichtig, dich deinem Kind positiv zuzuwenden (damit meine ich, dass du dich mit deinem Kind beschäftigst, wenn es gerade nicht frustriert oder wütend ist). Das heißt natürlich nicht, dass du ständig um es herum sein, es bespielen und unterhalten musst. Es reicht, wenn du dir bewusst ein paar Mal pro Tag zehn Minuten Zeit nimmst für dein Kind. Du kannst mit ihm reden, ein Buch vorlesen, einen Turm bauen oder mit ihm raus gehen. Dies vermittelt deinem Kind, dass du gerne Zeit mit ihm verbringst und dich ihm nicht nur zuwendest, wenn es wütet und schreit. Darüber hinaus hilft es euch, eine positive Beziehung, in der von Trotzanfällen überschatteten Zeit, aufrechtzuerhalten.

Dein Kind braucht dein Verständnis

Dein Kind erlebt in der Trotzphase oft, dass etwas nicht so ist, wie es das möchte. Das ist frustrierend. Dein Verständnis kann ihm helfen, seine momentane Enttäuschung anzunehmen und darüber hinwegzukommen. Du kannst dein Verständnis mit aktivem Zuhören zeigen: „Du schaffst es nicht, in deine Schuhe hinein zu schlüpfen. Das macht dich wütend. Das kann ich verstehen." Oder auch mit einer verstehenden Mimik und einer Umarmung.

Dein Kind braucht dein Einfühlungsvermögen

Dein Kind ist wütend oder sogar verzweifelt, weil nichts klappt. Es fühlt sich machtlos, wenn es auf Grenzen stößt. Es ist furchtbar enttäuscht, wenn Mama oder Papa etwas nicht erlauben, was es unbedingt tun wollte. Es ist schwierig für dein Kind, diese Gefühle der Wut, Verzweiflung oder auch Ohnmacht auszuhalten. Vor allem dann, wenn es das Gefühl hat, die ganze Welt hätte sich gegen es verschworen.

Wie kannst du dich in dein Kind einfühlen? Stelle dir vor, du hättest gerade eine anstrengende Zeit mit deinem Chef. Was würdest du dir von deinem Partner wünschen? Eine Umarmung? Verständnis für deinen Ärger? Ein nettes Wort? Was würde dir zeigen, dass dich dein Partner liebt, dich in deiner Wut und Enttäuschung annimmt und dich versteht?

Wie könnte sich dein Kind fühlen, wenn es ständig auf Grenzen stößt – in sich selbst und von außen? Was könntest du ihm zukommen lassen? Das Einfühlen in dein Kind hilft dir, liebevoller und verständnisvoller zu reagieren und selbst ruhig zu bleiben – anstatt dich in den Wirbelsturm der Gefühle mit hineinziehen zu lassen.

Dein Kind braucht Halt, Nähe und Beistand

In der emotional anstrengenden Trotzphase unterstützt und beruhigt es dein Kind, wenn es deinen Halt, Beistand und Nähe erfährt. Du kannst deinem Kind Halt in einer Umarmung geben, Nähe beim Kuscheln und Beistand, wenn du bei ihm bist, wenn es wütend ist. Halt, Nähe und

Beistand geben Geborgenheit und Sicherheit und helfen manchmal, dass dein Kind mit frustrierenden Umständen länger umgehen kann – also nicht gleich wütend zu brüllen anfängt.

Dein Kind braucht dein Zugeständnis, anders sein zu dürfen

Jedes Kind ist in der Trotzphase anders. Das eine will alles selbst machen oder bestimmen und setzt das lautstark durch. Das andere Kind ist eher ruhig und hat nur selten Wutanfälle. Ein Kind hat fünf Wutanfälle pro Tag, ein anderes fünf die Woche. Ein Kind startet mit 15 Monaten in die Trotzphase, ein anderes mit 24 Monaten. Diese Unterschiede sind normal und sollten deinem Kind zugestanden werden – da hilft es nichts, sie mit anderen Kindern zu vergleichen. Dein Kind ist einzigartig.

Dein Kind will nicht „funktionieren" müssen – es braucht Zeit

Im Alltag mit Kindern gibt es viel zu erledigen und einige Termine, die eingehalten werden müssen. Das Essen soll gekocht, die Wäsche gewaschen und der Haushalt gemacht werden. Darüber hinaus könnte es sein, dass du auch noch zur Arbeit gehst. Der Alltag wird zum Rad, dass sich ohne Unterlass zu drehen hat. Es muss einfach alles funktionieren, ansonsten kommt die Mühle des Alltags zum Stehen und die ganze Planung fällt in sich zusammen.

In diesem Alltagstrott erwartest du von deinem Kind vielleicht, dass es genauso gut „funktioniert" wie du, damit das Rad am Laufen bleibt. Am Morgen, wenn die Kinder zur Schule und in den Kindergarten müssen. Wenn sie abgeholt werden und du nach Hause möchtest. Am Nachmittag, wenn du die Wäscheberge bekämpfst und am Abend, wenn du die Kinder ins Bett bringst, um selbst einmal Zeit für dich zu haben. In all diesen Situationen soll sich das Rad des Alltags schön gleichmäßig weiter drehen.

Aber kann dein Kind in diesem Alter schon „funktionieren"? Es hat noch kein wirkliches Zeitgefühl. Der Überblick, was noch alles gemacht werden muss, fehlt ihm.

Dein Kind hat nur den Drang, sich zu beschäftigen und dabei zu lernen. Dafür braucht es Zeit. Schaffst du es, dass sich dein Alltagsrad ein wenig langsamer dreht? Du schenkst deinem Kind dadurch die Möglichkeit, das zu Ende zu bringen, was für dein Kind wichtig ist und danach das zu tun, worum du es bittest.

Dein Kind braucht Worte für seine Gefühle

Die wichtigsten Gefühle für dein Kind in der Trotzphase sind: Wut, Trauer und der Gegensatz dazu die Freude. Es hilft deinem Kind, wenn es das, was es fühlt, in Worte fassen kann – sobald es sprechen kann. Dadurch kann es sich besser mitteilen und wird schneller von dir verstanden. Wenn du merkst, dass dein Kind Wut, Trauer oder Freude fühlt, dann spiegle es wieder:

- „Du bist wütend, dass dir das Kind die Schaufel weggenommen hat!"
- „Du bist traurig, weil deine Oma jetzt nach Hause geht."
- „Du freust dich, dass du das Puzzlestück eingesetzt hast."

Du kannst auch deine eigenen Gefühle der Wut, Trauer und Freude benennen. Das hat zwei Vorteile: Du bist deinem Kind ein Vorbild und es kann deine Stimmungen (die es fühlt) besser einschätzen und es merkt, dass du nicht wütend auf es bist!
Um die Worte für die drei Gefühle noch weiter zu festigen, kannst du sie auch benennen, wenn ihr diese bei anderen Menschen beobachtet. „Das Mädchen dort drüben ist traurig, weil es nicht mitspielen darf."

Das Benennen von Wut und Trauer kann deinem Kind die Möglichkeit geben, diese Gefühle über die Sprache auszudrücken, bevor es von seiner Wut/Trauer überrollt wird. Dadurch kannst du effektiver reagieren und es kommt zu keiner Eskalation.

Dein Kind braucht eine wertschätzende Sprache

Das nachfolgende Zitat beschreibt hervorragend, wie mächtig die Worte sind, die du zu deinem Kind sagst: *„Die Worte, die wir in unserer Interaktion mit Kindern verwenden, haben die Macht, zu heilen oder zu verletzen, Distanz zu schaffen oder Nähe zu fördern, Gefühle zu verschließen oder das Herz zu berühren und es zu öffnen, Abhängigkeit zu verstärken oder dem Kind Kraft zu verleihen"*[14]

Ganz besonders mächtig sind die Worte, die Mama oder Papa zu ihrem jungen Kind sagen. Dein Kleinkind ist sehr empfänglich gegenüber dem, was nahe Bezugspersonen über es sagen, da sich sein Bild über sich selbst gerade erst formt. Ohne es zu wollen, verletze auch ich meine Kinder immer wieder mit meinen Worten:

- „Bist du jetzt endlich fertig?" (genervter Tonfall)
- „Habe ich dir das nicht schon drei Mal gesagt?" (wütend)
- „Du sollst aufpassen, habe ich gesagt!" (etwas lauter)

Worte bzw. Sätze werden verletzend, wenn sie – meiner Meinung nach – drei Komponenten haben:

- Ich habe negative Gedanken, bevor ich etwas zu meinem Kind sage
- Die Wahl meiner Worte ist übertrieben und nicht wertschätzend, z.B. „*Immer* fällt dir etwas hinunter" oder „*Ständig* haust du deinen Bruder"
- Mein Tonfall ist verletzend, z.B. laut, genervt oder ironisch

Im Alltag – vor allem, wenn etwas schneller gehen oder fertig werden soll – ertappe ich mich dabei, dass sich meine Gedanken um Negatives drehen wie z.B. "Muss das denn so lange dauern; Wenn ich doch schon fertig wäre; Ich habe jetzt echt keine Lust mehr". Das führt dann dazu, dass meine Worte nicht mehr wertschätzend sind und „immer" oder „ständig" als Verstärker im Satz haben, was so ja überhaupt nicht stimmt. Z.B. "Dass du immer so langsam bist" oder "Ständig muss ich dir beim Aufräumen deines Zimmers helfen". Wenn ich diese Sätze sage, dann ist mein Tonfall auch nicht gerade freundlich und so schließt sich der Kreis der verletzenden Worte.

Ich will nicht durch Worte verletzt werden, sondern ich will geschätzt – und im weitesten Sinne – geliebt werden. Wie viel mehr müssen dann meine Kinder, die von mir abhängig sind, unter verletzenden Worten leiden und sich nach Liebe sehnen? Wie viel mehr muss ihr noch wachsendes Selbstbewusstsein nach abwertenden Sätzen geknickt sein?

Deshalb ist es sehr wichtig, wertschätzend mit deinem Kind zu sprechen. Überprüfe immer wieder mal, was du in stressigen Momenten denkst, welche Worte du sagst und wie dein Tonfall ist. Vermitteln deine Worte und der Tonfall Wertschätzung?

Es fällt dir vielleicht leichter, dies im Alltag umzusetzen, wenn du dir wieder vorstellst, dass dich jemand von außen beobachtet. Kann dieser Beobachter deine Wertschätzung aus deinen Worten und deinem Tonfall heraushören?

Kapitel 4: Wie kannst du dein Kind während eines Wutanfalls wertschätzend begleiten?

Um dein Kind in seinem Wutanfall einfühlsam und verständnisvoll begleiten zu können, ist es gut zu wissen, aus welchem Grund dein Kind wütend ist. Denn nur, wenn du ein Verhalten verstehst, kannst du damit besser umgehen und einfühlsamer reagieren.

Es gibt verschiedene Möglichkeiten, warum dein Kind frustriert bzw. wütend geworden ist:

Dein Kind will etwas machen, schafft es aber nicht

Dein Kind hat eine Vorstellung von dem, was es machen möchte, z.B. Bauklötze aufeinander stapeln oder ein Puzzle zusammen setzen. Ständig fallen die Bauklötze um oder das Puzzle verrutscht und entspricht so gar nicht der gewünschten Vorstellung. Da ist es verständlich, dass deinem Kind irgendwann die Geduld ausgeht und es frustriert ist.

Dein Kind ärgert sich, weil ein Gegenstand nicht das tut, was es möchte

Dein Kind möchte ein Objekt so benutzen wie die Großen. Nur funktioniert das nicht immer genauso gut, wie es das bei den Erwachsenen beobachtet. Die Schranktüre geht zu schwer auf, das Objekt der Begierde steht zu weit oben, eine Sache ist zu schwer zum Tragen... Das möchte dein Kind nicht so hinnehmen und protestiert lautstark.

Dein Kind ist verärgert, weil eine Situation nicht so ist wie sonst

Kleinkinder lieben feste Gewohnheiten und reagieren sensibel auf deren Veränderung. Wenn z.B. Gäste da sind und dein Kind heute einmal an einer anderen Stelle am Tisch sitzen soll, kann das schon ein Auslöser für einen Wutanfall sein.

Dein Kind will etwas machen und du hinderst es daran

Der Klassiker: Dein Kind will zur Steckdose hin, um diese mit seinen Fingern zu untersuchen. Du verhinderst diesen Versuch und dein Kind schreit unwillig.

Dein Kind ist wütend, weil du etwas für es tust, das es selber machen möchte

Dein Kind möchte heute zum ersten Mal seine Socke alleine anziehen. Du bist jedoch in Eile und machst es selbst. Dein Kind ist sehr enttäuscht, dass es das Anziehen der Socken nicht versuchen durfte und schreit. Es will sich den Freiraum erkämpfen, um diese neue Fertigkeit üben zu können.

Dein Kind ist wütend, weil du seinem Spiel ein Ende bereitest

Es ist Zeit zum Schlafengehen und du fängst an, aufzuräumen. Dein Kind will noch weiter spielen und zeigt sein Missfallen.

Dein Kind ärgert sich, weil es etwas nicht von dir bekommt

Du hast gerade ein Telefon in der Hand und dein Kleinkind möchte es auch haben. Du erklärst, dass es das Telefon nicht haben kann und du legst das Telefon weg. Wütend zeigt das Kind, was es davon hält.

Die Erwartung deines Kindes wurde enttäuscht

Du sagst zu deinem Kind, dass ihr jetzt in den Garten rausgeht. Freudig läuft dein Kind zur Türe und holt seine Schuhe. Dir fällt plötzlich ein, dass du noch die Wäsche in der Maschine hast und diese vorher noch rausholen musst. Dein Kind ist wütend, weil ihr nicht das macht, was du gesagt hast, nämlich JETZT in den Garten zu gehen.

Dein Kind mag bestimmte Tätigkeiten nicht machen

Dein Kind protestiert beim Windeln wechseln oder sträubt sich lautstart gegen das Zähneputzen. Für das Kind sind das alles schreckliche Tätigkeiten, die es daran hindern, die Welt zu erobern.

Begleite dein Kind in seiner Wut – in vier Schritten

Das Wichtigste, um dein Kind in seiner Wut begleiten zu können, ist zugleich auch das Schwierigste: Selbst ruhig bleiben. Wenn du hektisch, laut oder genervt reagierst, dann kann dies dem Wutanfall deines Kindes noch mehr Kraft geben. Es entsteht eine Abwärtsspirale. Beide Parteien werden noch aufgeregter, wütender oder lauter. Es gibt natürlich Tage, da kannst du (und ich) nicht anders als laut oder genervt zu reagieren. Mir hilft es dann manchmal, mich an den Beobachter (jemand, der mir jetzt zuschaut – Seite 86) zu erinnern, um ruhiger zu reagieren. Es kann jedoch sein, dass dich das nur noch hektischer und unruhiger macht – versuch es einfach, ob dir das hilft. Wenn nicht, dann schaue dir Kapitel 7 (ab Seite 77) an, ob du dort etwas findest, dass dich öfters aus der Abwärtsspirale herausholen kann.

Erster Schritt:

Wenn du merkst, dass dein Kind wütend wird, dann spiegle ihm das wider, was du siehst und was es fühlt (es reichen die Gefühle Wut und Trauer, weil sie die zwei Hauptgefühle vor Wutanfällen sind):

- „Du schaffst es nicht, die Bauklötze höher zu stapeln – das macht dich traurig."

- „Dein Puzzle verrutscht dir immer – du bist wütend darüber!“
- „Du willst die Türe aufmachen, schaffst es aber nicht – du bist wütend.“
- „Du willst auf deinem Platz sitzen und der ist schon besetzt. Du bist traurig.“
- „Du willst an die Steckdose, ich weiß. Du darfst da nicht hin und bist wütend darüber.“
- „Du wolltest die Socke alleine anziehen und jetzt bist du wütend, weil ich es gemacht habe.“
- „Du willst noch weiterspielen. Du bist traurig, dass wir nun aufräumen müssen.“

Dein Kind fühlt sich durch dein Spiegeln nicht mehr ganz so alleine mit seiner Wut bzw. Trauer – weil du da bist, seine Gefühle ernst nimmst und ihm deine Aufmerksamkeit schenkst. Es fühlt sich verstanden und in seiner Wut angenommen. Dein Kind merkt, dass solche Gefühle wohl ganz normal und o.k. sein müssen, wenn du sie so ruhig benennst. Manchmal reicht schon diese kurze Anteilnahme, dass dein Kind nicht weiter in einen Wutanfall hinein gleitet.

Wenn du die Gefühle deines Kindes wiedergegeben hast und dein Kind noch wütend ist, kannst du auch dein Verständnis ausdrücken: „Ich verstehe, dass du wütend (traurig) bist!“ Verständnis kann sehr tröstlich für dein Kind sein, obwohl die Situation deshalb nicht anders wird. Ist dein Kind weiterhin wütend (aber noch gut ansprechbar), dann kannst du jetzt auch eine Methode aus Kapitel 6 (ab Seite 59) oder Kapitel 8 (ab Seite 87) versuchen.

<u>Zweiter Schritt:</u>

Trotz Gefühle spiegeln und evtl. einer anderen Methode – oder weil dein Kind in einem Moment von Ruhe sofort auf Sturm gewechselt hat –

weint, schreit bzw. kreischt dein Kind weiter. Es steigert sich in seine Wut hinein. In diesem Fall kannst ihm deine Umarmung anbieten („Komm in meine Arme!") oder bei ihm sitzen, wenn der Wut-Sturm ausbricht (manche Kinder möchten bei einem Wutanfall keine weiteren Begrenzungen fühlen – auch nicht von liebevollen Armen).

Für dein Kind ist es wichtig, dass du für es da bist, während es seine Wut rausschreit. Du kannst dein Kind umarmen, ihm über den Rücken streicheln oder einfach bei ihm sitzen. Du kannst ruhig mit ihm sprechen („Ich verstehe, dass du wütend bist, weil..."), seine Gefühle ab und zu widerspiegeln oder annehmend schweigen. All das ist möglich – du musst herausfinden, was deinem Kind in diesem Moment der Wut hilft, wieder zu sich selbst zu finden. Auf jeden Fall kann dein Kind in der Sicherheit deiner Nähe seine aufgestaute Wut und seinen Schmerz raus lassen.

<u>Dritter Schritt:</u>

Es kann vorkommen, dass dein Kind jetzt intensiver weint oder noch wütender wird. Dies geschieht, weil es sich erst jetzt – mit dir an seiner Seite - sicher genug fühlt, sich seiner Enttäuschung und Wut zu stellen. Ja manchmal bricht sogar richtige Verzweiflung aus dem Kind hervor. Ein tief sitzender Schmerz kommt zum Vorschein, der eigentlich gar nichts mehr mit der ursprünglichen Situation zu tun hat. Es ist angesammelter Schmerz aus Situationen, in denen dein Kind seine Wut oder Anspannung nicht raus lassen konnte. Sei für dein Kind da, lass es weinen und schluchzen, sodass der ganze Schmerz raus kann. Auch wenn die Intensität der Gefühle schwer auszuhalten ist.

Ein Wutanfall kann auch ein Heilungsprozess sein. Wenn die ganze Wut und der Schmerz hinaus geweint worden sind, und dazu auch noch „alter Schmerz" ein Ventil gefunden hat, dann kann das Kind wieder neu anfangen. Neu anfangen im Sinne von „mit sich und der Welt im Reinen zu sein“[15].

Vierter Schritt:

Dein Kind wird ruhiger. Nach einer gefühlten Ewigkeit (manchmal auch schneller!) wird es sich etwas beruhigen. Schreien und Kreischen werden zu leisem Weinen, das wiederum zu leisem Schluchzen wird. Die Wut deines Kindes zieht langsam weg und an seine Stelle tritt Traurigkeit und ein großes Bedürfnis nach Halt und Geborgenheit.

Was braucht dein Kind nach einem Wutanfall?

Dein Kind ist erschöpft vom vielen Weinen und Schreien. Vielleicht ist es erschrocken oder verunsichert über das Ausmaß seiner Gefühle. Der Wutanfall hat dein Kind aus der Bahn geworfen. Es sehnt sich jetzt nach Halt und Geborgenheit.

Die Arme von Mama und Papa sind seit den ersten Lebensmomenten ein Rahmen, der Sicherheit, Halt und Geborgenheit schenkt. Dein Kind nach dem Wutanfall ganz fest in die Arme zu nehmen, ist also die beste Möglichkeit, dem Bedürfnis deines Kindes nach Halt und Geborgenheit gerecht zu werden.

Nimm dein Kind ganz fest in die Arme und wiege es sanft hin und her. Wenn du während des Wutanfalls deines Kindes relativ ruhig bleiben konntest und nicht innerlich vor Wut kochst, dann kannst du deinem Kind ein Geschenk der Liebe machen. (Nur wenn du die Liebe für dein Kind in einem solchen Moment noch fühlen kannst!) Während du es sanft hin und her wiegst, flüstere in sein Ohr, dass du es ganz fest lieb hast. Wenn du diese Liebe für dein Kind im Moment nicht fühlst, ist das auch absolut in Ordnung (mir geht es oft so). Dein Kind merkt in vielen anderen Situationen, dass du es ganz fest lieb hast.

Ich weiß aus Erfahrung, dass man nach einem durchgestandenen Wutanfall selbst erschöpft und ausgelaugt ist. Wenn du es trotz allem hin und wieder schaffst, in Verbindung zu deinen positiven Gefühlen deinem Kind gegenüber zu treten, dann kannst du deinem Kind das allergrößte Geschenk machen: „Mama liebt mich – auch wenn ich ein brüllendes Monster bin". Das stärkt das Selbstwertgefühl deines Kindes ungemein. Es lernt, dass Konflikte nicht lebensbedrohlich sind und zum Leben dazugehören[16]. Darüber hinaus merkt es, dass es seine Gefühle zum Ausdruck bringen darf und trotzdem geliebt wird.

Wenn der ganze Ärger draußen ist, können Kinder ganz schnell umschalten und nach vorne blicken – da kommen wir Erwachsenen manchmal gar nicht hinterher! Um mithalten zu können und deinen evtl. Groll hinter dir zu lassen, ist es wichtig, deine positiven Gefühle dem Kind gegenüber wiederzuentdecken. Erst danach kannst du wieder eintauchen in das Abenteuer Alltag mit Kind.

Ist dein Kind 3 Jahre oder älter kannst du nach dem Wutanfall – besser noch – am Abend beim Kuscheln über den Wutanfall reden. Ihr könnt darüber reden, ob ihr das nächste Mal bei so einer Situation etwas anders machen könnt. Du kannst dein Kind auch fragen, ob es sich etwas von Dir gewünscht hätte (was du in der Situation hättest tun sollen). Das gibt dir Einblicke in die Sichtweise deines Kindes. Du kannst auch von dir erzählen oder wie du es gesehen hast.

Ich habe einmal mit meiner 4jährigen Tochter über ihre Wut gesprochen. Ich sagte ihr, dass es ganz normal ist, richtig wütend zu werden. Diese Wut mit Schreien raus zulassen auch. Nur akzeptiere ich es nicht, dass sie dabei ihren jüngeren Bruder schlägt. Im Verlauf des Gesprächs sagte sie mir, dass die Wut in ihrem Bauch sitzt und zu ihr sagt, dass sie zuschlagen soll. Somit führten wir ein Gespräch über das

Gefühl Wut und wie man noch damit umgehen kann – außer zu schlagen.

Wie begleitest du einen Wutanfall, wenn ein jüngeres Geschwisterkind gegenwärtig ist

Richtig schwierig und anstrengend ist es, wenn du nicht nur ein wütendes Kleinkind hast, sondern auch noch ein Baby auf dem Arm. Meistens weint nämlich das Kleine gleich mit, weil es sich vor dem Geschrei fürchtet oder sich vom Weinen anstecken lässt.

Ich habe die Erfahrung gemacht, dass es mir und dem Baby nichts nützte, einfach aus dem Raum zu gehen, um das Kleine dadurch zu schützen. Mein wütendes Kleinkind kam nur noch lauter schreiend hinterher und der Wutanfall wurde dadurch verlängert!

Aus diesem Grund habe ich, auch mit Baby auf dem Arm, meine Tochter durch einen Wutanfall begleitet. Ich streichelte abwechselnd ihr über den Rücken oder redete beruhigend und war da für sie und dann sprach ich zum Baby: „Deine Schwester ist wütend und muss laut weinen, es ist o.k." und streichelte ihm dabei über den Rücken und schaukelte es auf meinem Arm. Danach war ich immer völlig erschöpft – nicht nur emotional, sondern auch körperlich.

Wie begleitest du einen Wutanfall in der Öffentlichkeit?

Es ist peinlich, wenn dein Kind in der Öffentlichkeit einen Wutanfall bekommt. Trotzdem ist es dein Kind, das du liebst. Deshalb sollte das, was es braucht, an erster Stelle bei dir stehen. Nicht die anderen Erwachsenen und das, was sie über dich bzw. dein Kind denken. Reagiere lieber mit Liebe und Geduld, als dass du mit Strenge und Autorität bei den zuschauenden Erwachsenen „punkten willst". Nimm dein Kind in die Arme, wenn es das möchte und sei für dein Kind da.

Das heißt aber nicht, dass du es zu einem Wutanfall kommen lassen musst! Wenn du den Wutanfall kommen siehst, ist es vollkommen in Ordnung, diesem durch Ablenkung (Seite 91) des Kindes, einer Alternative (Seite 65) oder einem Kompromiss (Seite 72) aus dem Weg zu gehen. So setzt du dich und dein Kind nicht dem Stress aus, von anderen Menschen evtl. angestarrt und beobachtet zu werden.

Kapitel 5: Unterstütze dein Kind in seinem Drang nach Autonomie

In der Trotzphase geht es um das Streben nach Autonomie. Dein Kind will nun Vieles selber machen, um seine Fertigkeiten zu schulen. Diese Fertigkeiten geben deinem Kind ein kleines Stückchen mehr Unabhängigkeit und Selbständigkeit. Unterstütze dein Kind in seinem Streben nach Autonomie. Deinem Kind zuliebe, damit es sich gut entfalten kann, und dir zuliebe, damit du weniger Wutanfälle deines Kindes begleiten musst. Im Folgenden sind Möglichkeiten dargestellt, wie du den Drang nach Autonomie unterstützen kannst.

Bereite die Umgebung deines Kindes vor, um seine Selbständigkeit zu unterstützen

Das Selbermachen deines Kindes kannst du hervorragend unterstützen, indem du dich in euren Zimmern umschaust. Was kannst du verändern, um deinem Kind die Möglichkeit zu geben, viele Dinge allein zu machen?

Maria Montessori formuliert es so: „Wie kann man dem Kind eine Umgebung schaffen, die seiner Entwicklung förderlich ist, um es dann in dieser Umgebung sich frei entwickeln lassen zu können, um ihm so zu helfen, selbständig zu werden?"[17] Ihrer Meinung nach soll sich nicht das Kind der Umgebung anpassen, sondern die Umgebung müsse dem Kind angepasst werden, wodurch die Umgebung befreiend und nicht formend wirkt.

Beispiele für eine vorbereitete Umgebung sind: (es gibt sehr viele weitere Anregungen dazu in Montessori-Büchern und im Internet z.B. Montessori-Blogs)

Im Bad:
Einen Hocker an das Waschbecken schieben, damit das Kind selbständig seine Hände waschen kann.
In der Küche:
Einen für dein Kind zugänglichen Platz finden, an dem du sein Wasser hinstellst. Wenn es dann Durst hat, kann es selbständig dorthin gehen, um zu trinken.
In der Garderobe:
Lege Jacke, Mütze und alle anderen Kleidungsstücke der Jahreszeit so ab, dass dein Kind diese erreicht. Das ermöglicht es ihm, sich soweit alleine anzuziehen, wie es das schafft.
Im Kinderzimmer:
Die Spielsachen des Kindes sollten leicht zugänglich für das Kind sein.
Im Essbereich:
Teller vom Kind so in den Geschirrschrank räumen, dass das Kind seinen Platz am Tisch selbständig decken kann.
Im Wohnbereich:
Ein Regal mit Puzzles herrichten, das zum selbständigen Spielen einlädt.

Mit einer vorbereiteten Umgebung schenkst du deinem Kind einen Raum, sich selbständig auszuprobieren (du merkst, dass dein Kind das Auf- und Zudrehen üben mag und stellst ihm dazu leere Plastikflaschen zur Verfügung). Der Vorteil einer für das Kind vorbereiteten Umgebung ist, dass es die Anzahl möglicher Wutanfälle reduziert. Dein Kind muss sich schließlich über viele Sachen nicht ärgern, weil es diese selbständig tun kann, ohne dafür die Hilfe eines Erwachsenen zu benötigen.

Der „Nachteil“ ist, dass natürlich trotzdem Wutanfälle entstehen können, weil es Dinge einfach noch nicht ganz selbständig machen kann. Z.B. dein Kind möchte die Socken anziehen, die du in seiner Reichweite im Schrank verstaut hast. Jetzt ärgert es sich aber, weil es die Socke nicht über die Zehen bekommt.

Trotzdem möchte dein Kind diese Fertigkeit üben und gibt nicht auf. Es wehrt sich lautstark gegen deine helfenden Hände, um alleine das Socken anziehen üben zu können. Nur so lernt dein Kind irgendwann, seine Socken allein anzuziehen. Dass all die Fertigkeiten, die ein Kind im Übergang vom Baby zum Kind erlernen muss, ohne Frustrationen vonstattengehen, wäre doch zu viel erwartet.

Desweiteren gibt dir die vorbereitete Umgebung eine innere Ruhe, dein Kind frei durch die Wohnung laufen zu lassen, weil du weißt, dass du gefährliche Gegenstände außer Reichweite verstaut hast.

Plane mehr Zeit ein, um deinem Kind die Möglichkeit zu geben, selbständig zu sein

Wenn die liebe Zeit nicht wäre, dann hättest du eine Ewigkeit, um dem Drang deines Kindes nach Autonomie nachzugeben. Leider ist das nicht der Fall und es gibt einfach gewisse zeitliche Vorgaben. Dein Kind muss zu einer bestimmten Zeit im Kindergarten sein, das Geschwisterchen muss zum Arzt, bis heute Abend muss eine Arbeit fertig sein usw.

Zeitdruck bringt Stress in jede Situation und lässt diese ganz schnell auf beiden Seiten eskalieren: Dein Kind verweigert die Mitarbeit, weil es unter Druck gesetzt wird. Du bist in Eile und hast keinen Nerv, dich auf dein Kind einzulassen. Eine unschöne Situation nimmt ihren Lauf. Danach plagen dich vielleicht sogar Schuldgefühle. Selbst deine besten Vorsätze bzgl. der Behandlung deines Kindes wirst du in der Hektik vergessen oder nicht umsetzen können.

Deshalb solltest du, wann immer es dir möglich ist, ein bisschen mehr Zeit einplanen. Diese kannst du deinem Kind zugestehen, wenn es wieder etwas alleine machen möchte, ein Spiel fertig spielen will oder dir bei einer Tätigkeit helfen mag. All das braucht mehr Zeit.

Ein bisschen mehr eingeplante Zeit entspannt die Atmosphäre ungemein. Im Gegensatz dazu sind gestresste Eltern sehr förderlich für einen Wutanfall beim Kind, weil sie in der Eile die Bedürfnisse ihres Kindes aus dem Blick verloren haben. Es hilft deinem Kind auch schon, wenn du ihm nur fünf Minuten zugestehen kannst.

<u>Ein Beispiel:</u>

Mein Kleiner sitzt im Kinderwagen, während wir die Große vom Kindergarten abholen. Danach muss ich das Mittagessen fertig zubereiten. Alle haben Hunger. Nun aber will mein Kleiner, nachdem ich ihn aus dem Kinderwagen hebe, noch mit seinem Bagger in der Einfahrt spielen (dort ist es nicht kindersicher). Ich könnte ihn nun unter großem Protest und Enttäuschung einfach rein tragen. Die andere Möglichkeit ist, ihm fünf Minuten zu schenken, um Bagger zu spielen. Da es noch ein Mittagessen zu machen gibt, sage ich ihm, dass er KURZ spielen darf. Danach räumen wir den Bagger gemeinsam weg. Auch wenn er ein bisschen traurig darüber ist, geht er bereitwillig mit hinein.

<u>Ein weiteres Beispiel:</u>

Es ist wieder Zeit zum Windeln wechseln. Mein Kleiner schüttelt vehement seinen Kopf: „Nein!“. Ich könnte ihn jetzt hochheben und auf den Wickeltisch legen. Oder ich schenke ihm etwas Zeit: „Du magst deine Windeln noch nicht wechseln lassen. Dann spiel noch ein bisschen und dann machen wir es.“ Natürlich passiert es mir, dass er auch beim zweiten Mal nicht mitgehen will. Mit Humor schaffe ich es oft, ihn mit einem Lachen auf den Wickeltisch zu heben (siehe auch unter: Kapitel 8, Tipp Vier – Seite 93).

Ab ca. 2,5 – 3 Jahren kannst du auch sagen „Wenn du bereit bist zum ... dann sag mir Bescheid.“ Das gibt dem Kind die Möglichkeit, sein Leben mitzubestimmen. Das „Bescheid geben“ kann ein wenig dauern, deshalb brauchst du für diese Möglichkeit mehr Zeit als fünf Minuten. Nur wenn du keinen Termin hast, ist diese Methode empfehlenswert.

Beobachte – anstatt einzugreifen

Da dein Kind die Welt auf seine Weise erkunden möchte, kann es zu Frustrationen führen, wenn du etwas für dein Kind erledigst, das es selbst machen kann bzw. was es gerade versucht zu lernen. Deshalb ist es gut, dein Kind oft nur zu beobachten – anstatt gleich einzugreifen in Form von Hilfestellungen oder des Erledigens der Aufgabe. Es kann natürlich geschehen, dass dein Kind wütend wird, weil es die gewählte Sache nicht schafft.

Wenn es die Sache alleine zu Ende bringt, dann werden die strahlenden Kinderaugen und die Freude deines Kindes an seinem Erfolg dich überzeugen, dass es eine gute Wahl war, nicht einzugreifen. Dein Kind hat sich als selbstwirksam erfahren – dass es fähig ist, etwas seiner Vorstellung gemäß zu Ende zu bringen.

Biete Hilfe an – anstatt Hilfestellung sofort zu geben

Wenn du beim Beobachten deines Kindes jedoch merkst, dass die Frustration wächst und die Wut steigt und du das Gefühl hast, dass es nicht mehr alleine weiterkommt bzw. nicht wieder aus dem Frust heraus findet, dann kannst du deine Hilfe auch anbieten.„Soll ich dir helfen?“ Oder bei den etwas älteren Kindern passt ein: „Wenn du Hilfe brauchst, sag es mir.“

Daraufhin kann sich dein Kind entscheiden, ob es weiteren Frust in Kauf nehmen will und es nochmal alleine versucht. Jüngere Kinder nehmen das Hilfsangebot meistens sehr gerne an. Älteren Kindern kann das Wissen um die nahe Hilfe eine Stütze sein, es nochmals alleine zu versuchen. Wenn es wirklich nicht klappen sollte, dann ist die Hilfe nahe. Nimmt dein Kind deine Hilfe in Anspruch, dann erfährt es, dass man sich auch Hilfe holen kann, wenn man etwas nicht schafft.

Was aber ist der Unterschied zwischen Hilfe anbieten und Hilfe einfach ungefragt geben? Gibst du ungefragt Hilfe, dann kann es dir passieren, dass sich dein Kind von deinen helfenden Händen befreien will. Es versucht, sich mit einem Wutanfall freizukämpfen, um eine Fertigkeit zu üben.

Wenn du deinem Kind ungefragt hilfst, könnte dies deinem Kind zu verstehen geben, dass du ihm nicht zutraust, dass es die Sache alleine schafft. Das würde seinem Selbstbewusstsein einen kleinen Dämpfer versetzen. „Das macht doch nichts aus", könntest du dir jetzt denken. Ja, wahrscheinlich stimmt das auch, wenn es eine einmalige Situation ist. Nur wenn die ungebetene Hilfe mit Regelmäßigkeit erfahren wird, dann kann es Einfluss darauf haben, wie sich dein Kind mit seinen Fähigkeiten einschätzt: „Ich schaffe es bestimmt nicht, vielleicht sollte ich es gar nicht erst versuchen."

Dem entgegengesetzt ist das Hilfe anbieten. Du signalisierst deinem Kind: „Ich bin da, wenn du mich brauchst. Du kannst es alleine versuchen oder mit mir zusammen. Beides ist o.k."

Für mich ist es immer ein Abwägen zwischen „mit Frustrationen und aufsteigender Wut umgehen zu lernen" und einem „sich in die Wut hineinsteigern – ohne die Möglichkeit, diese Gefühle wieder loszuwerden". Ich bin der Meinung, dass Kinder nicht schneller lernen mit Frustrationen umzugehen, wenn wir sie in ihrem Frust „stecken lassen". Ich denke vielmehr, dass sie einen besseren Umgang mit Frustrationen lernen, wenn sie bemerken, dass es, wenn sie nicht mehr weiterkommen, auch eine Lösung ist, Hilfe einzufordern.

Wenn dein Kind sich für deine Hilfe entscheidet, dann ist es manchmal von Vorteil (gerade bei Kindern ab 3 Jahren), wenn du erst einmal nur die Lösung des Problems zeigst, es aber nicht selbst behebst: „Schau, wenn du den Bauklotz in die Mitte des unteren Bauklotzes stellst, dann wackelt er nicht. Er steht viel stabiler." Manchmal kannst du vielleicht auch nur verschiedene Lösungsmöglichkeiten aufzeigen, unter denen dein Kind eines auswählen kann. Gerade bei Bastelaktionen des Kindes ist das eine gute Alternative.

Teil 3: Lass den Sturm an dir vorüberziehen

Kapitel 6: Was kannst du tun, damit dein Kind weniger Anlass hat, wütend zu sein?

Dein Kleinkind hat es nicht leicht. Es darf wenig über sich selbst und seine Handlungen bestimmen. Es kann sich nur eingeschränkt mitteilen. Es will Autonomie und bekommt sie oft nicht. Es gibt also sehr viele Anlässe für dein Kind, um wütend zu werden. Deshalb versuche ich, einige dieser frustrierenden Situationen für mein Kind erst gar nicht entstehen zu lassen. Im Folgenden beschreibe ich, was genau du dafür tun kannst:

Bereite dein Kind auf kommende Ereignisse vor

Stelle Dir die nun folgenden zwei Szenen vor. Dabei ist die Ausgangssituation für beide Szenen gleich: Du sitzt mit einem hochspannenden Buch auf dem Sofa und kommst gerade zu dem Punkt in der Geschichte, in der die Auflösung all der Wirrungen der Erzählung stattfindet. Du kannst es kaum erwarten, herauszufinden, wie sich alles entwickelt.

Szene 1:

Dein Mann kommt rein und sagt: „Wir fahren jetzt sofort zum Einkaufen. Lauf los und zieh dich an!" Wenn du dich nicht gleich bewegst, nimmt er dir das Buch aus der Hand, klappt es zu und legt es weg. Wenn du dann immer noch nicht in die Garderobe gehst, nimmt er dich an der Hand und zieht dich dort hin. Missmutig fährst du mit zum Einkaufen.

Szene 2:

Dein Mann kommt rein und sagt: „Wir müssen heute noch zum Einkaufen fahren. Wenn wir in einer halben Stunde los fahren, dann schaffen wir noch alles. Kannst du dich bis dahin fertig machen?“ Nach 15 Minuten erinnert er dich nochmal. Langsam kannst du dich von deinem spannenden Buch lösen. Du hörst nach einem Kapitel auf, bei dem die Spannung nicht mehr so unerträglich hoch ist. Beim Anziehen erzählst du gut gelaunt von dem fantastischen Buch.

Ich brauche dir wohl nicht zu erläutern, welche Szene sich besser anfühlt und warum. Die Vorbereitung deines Kindes auf die nächsten Punkte im Tagesablauf bzw. auf Ereignisse ist meiner Erfahrung nach die hilfreichste Methode, um die Anzahl der Wutanfälle eines Kindes zu reduzieren. Es gibt weniger Wutanfälle, weil sich das Kind rechtzeitig auf das Kommende einstellen konnte. Deshalb kooperiert es viel besser.

Diese Methode wird deinen Alltag stressfreier und entspannter machen. Ohne Jammern oder auch mal Weinen geht es natürlich nicht immer vonstatten, aber es wird sich viel seltener ein richtiger Wutanfall daraus entwickeln.

Als Bonus spiegelt die „Methode der Vorbereitung“ deinem Kind wider, dass es wichtig genug ist, um ernst genommen zu werden. Die Vorbereitung auf kommende Situationen gibt dir die Möglichkeit, deinem Kind zu erklären, warum dieses oder jenes gemacht wird bzw. warum es wichtig ist. Kinder ab ca. 3 Jahren nutzen die Möglichkeit, dass sie ihre Meinung zu dem kommenden Ereignis äußern können. Daraus können Alternativen oder auch Kompromisse entstehen.

Anhand der folgenden sechs Beispiele zeige ich dir, wie ich meine Kinder auf Kommendes vorbereite:

1. Beispiel:

Ich erzähle meine Tochter am Frühstückstisch, was heute so geplant ist. Ich sage z.B., dass wir nach dem Essen zum Einkaufen fahren und uns gleich fertig machen müssen. Ich sage ihr, dass es sich nicht lohnt, ein Spiel anzufangen. Oder ich erzähle ihr, dass ich heute den Großputz mache und deshalb ganz wenig Zeit zum Mitspielen haben werde.

2. Beispiel:

Wenn ich gerade mit meinem Kind spiele bzw. ein Buch lese, dann kündige ich das Ende an. Immer ein paar Minuten bevor ich aufhören möchte, sage ich: „Dieses Buch noch", oder „Noch einmal dieses Spiel, dann mache ich die Wäsche".

3. Beispiel:

Bevor es abends Zeit für die Bett-Geh-Routine ist, sage ich: „Es sind noch zehn Minuten, dann ist Bettgehzeit". Nach fünf Minuten erinnere ich mein Kind nochmal daran. Oder ich sage: „Noch ein Buch, dann ist es Zeit, ins Bett zu gehen." Manchmal stelle ich auch den Wecker und sage: „Wenn der Wecker klingelt, gehen wir zum Zähne putzen."

4. Beispiel:

Beim Mittagessen sage ich: „Nach dem Mittagessen ist es Zeit für deinen Mittagsschlaf."

5. Beispiel:

Wenn größere Ereignisse anstehen wie: ein Wochenende allein bei Oma und Opa / der Beginn der Krippe bzw. Kindergarten / ein Geschwisterchen bekommen / Mama fährt alleine für mehrere Tage weg. Dann fange ich mit der Vorbereitung schon früher an. Je nach Ereignis eine Woche bzw. Wochen vorher oder, wenn die Mutter ein Baby erwartet, schon Monate vorher.

Ich erwähne das anstehende Ereignis immer mal wieder, z.B. wenn es beim Vorlesen eines Buches dazu passt. Oder wenn ein befreundetes Kind diese Situation gerade hat. Dies mache ich, um mein Kind immer wieder daran zu erinnern, dass dieses Ereignis noch kommen wird. Kurz bevor es dann so weit ist, frage ich mein Kind, was denn z. B. am Wochenende anders sein wird und in der Regel sagt es ganz ruhig, gefasst und wissend, was ansteht.

6. Beispiel:
Auch schmerzhafte Ereignisse spare ich nicht aus. Ich sage meinem Kind schon, wenn etwas vielleicht weh tun könnte. Natürlich betone ich es nicht, erwähne es nur beiläufig. Ich tue dies aus folgendem Grund: Ich möchte nicht, dass ich das Vertrauen meines Kindes verliere, weil ich sage, dass etwas nicht weh tun wird und dann tut es doch sehr weh - in den Augen eines Kindes (z.B. Spritze geben).

Nehme deine räumliche Situation unter die Lupe

Wie schon im Kapitel 5 erwähnt, ist es hilfreich, die Umgebung des Kindes vorzubereiten (Seite 52). In diesem Abschnitt geht es einen Schritt weiter. Du sollst nach potenziellen Wutanfall-Objekten in jedem Zimmer Ausschau halten.

Gehe durch deine Zimmer und schaue, bei welchen Gegenständen es schon öfters Wutanfälle gegeben hat. Verändere diese spezielle Sache, um einen Grund für einen weiteren Wutanfall wegzunehmen.

Beispiele:

- Es gibt einen Gegenstand, der mir viel bedeutet und der nun auf der Höhe meiner Tochter steht. Schon ein paar Mal hat er das Interesse meines Kindes geweckt. Bevor ich ständig „Nein“

sagen muss und dadurch einen Wutanfall auslösen könnte, räume ich diesen Gegenstand weg oder lege ihn höher.

- Mein Sohn liebt es über alles, Knöpfe zu drücken. So auch an unserem Computer. Ich wollte unserem Computer das ständige Ein- und Ausschalten und mir das immer wiederkehrende Spielchen (er hin zum Computer, ich bringe ihn weg) ersparen. Also habe ich nach einer Lösung gesucht, um die Situation schnell und ohne viel Aufwand zu verändern. Ich habe mir einfach ein schweres großes Sofakissen genommen und vor den Computer gestellt. Mein Glück war, dass „aus den Augen aus dem Sinn“ in diesem Alter noch hervorragend funktionierte!

Beobachte einmal deinen Alltag zu Hause, in welchen Situationen du immer wieder „Nein“ sagen musst und überlege, ob du stattdessen die Umgebung so verändern kannst, dass das „Nein“ überflüssig wird. Jedes Mal, wenn du ein „Nein“ überflüssig gemacht hast, hast du auch eine potenzielle Wutanfall-Gefahr beseitigt. Denn auf ein „Nein“ von dir kann dein Kind ganz schnell mit großer Wut reagieren, wenn es keine Lust hat, Begrenzungen seines Verhaltens hinzunehmen.

Damit will ich nicht sagen, dass du alles wegräumen musst, was auf der Höhe deines Kindes steht, um Wutanfälle zu vermeiden. Ganz im Gegenteil: Ich finde es wichtig, dass Kinder lernen, auf Gegenstände zu achten. Ich erkläre meinem Kind erst einmal, wie man diese Sache anfassen darf, damit nichts passiert bzw. dass die Dekoration nur zum Anschauen da ist. Ich räume es nur weg, wenn es wiederholt zum Konflikt geführt hat. Deshalb mein Tipp: Räume die Dinge weg oder verändere die Situation nur dort, wo du keine Lust mehr auf Konflikte und folgende Wutanfälle hast (oder auch keinen Sinn darin siehst).

Habe die Wünsche deines Kindes im Blick

Was ist deinem Kind wichtig? Was macht es am liebsten? Worauf reagiert es empfindlich? Was macht es wütend? All das gibt dir einen Einblick in die Wünsche deines Kindes bzw. was es anders haben möchte. Dieses Wissen kannst du nutzen, um Wutanfälle nicht entstehen zu lassen.

Wenn du weißt, dass dein Kind Autos liebt, aber das Windeln wechseln hasst, dann könntest du ihm während des Wechselns der Windeln ein Auto anbieten. Dein Kind beschäftigt sich mit seinem geliebten Auto und du kannst in Ruhe die Windeln wechseln. Natürlich wird das nicht immer funktionieren. Aber einen Versuch ist es wert! Auch wenn du dadurch nur jedes dritte Mal in Ruhe Windeln wechseln kannst, dann hat es sich schon gelohnt, oder?

Ich stationiere immer (wechselnde) kleine Spielsachen am Wickeltisch, um meinem Sohn etwas Interessantes zu geben, während ich seine Windel wechsle. Wenn das nicht klappt, singe ich Lieder, die er gerne mag. Oder ich kitzle ihn, wovon er nicht genug bekommen kann.

Dein Kind malt gerne Fingerfarben oder hantiert liebend gerne mit Knete? Aber es endet meistens in einer Sauerei und du hast gar keine Lust mehr auf diese Tätigkeiten? Wenn du deinem Kind jedoch diese Farben bzw. Knete vorenthältst, kannst du damit wieder einen Wutanfall provozieren. Vielleicht findest du eine Lösung, in der du deinem Kind die Freiheit geben kannst, Fingerfarben und Knete auszuprobieren und du danach nicht so viel Arbeit hast. Zum Beispiel könntest du Fingerfarben im Sommer draußen auf einer Decke malen lassen, wenn dein Kind nur mit einer Badehose bekleidet ist. Oder du gibst deinem Kind Badefarben, die es in der Badewanne verwenden kann. Die Knete könnte dein Kind nur an einem Tisch verwenden dürfen, der in einer Ecke steht. Dort kann man die heruntergefallenen

Krümel liegen und trocknen lassen (ohne dass sie durch das ganze Zimmer getragen werden) und dann ganz einfach zusammen kehren.

Biete Alternativen an

Wenn dein Kind mit etwas spielt bzw. hantiert, was du nicht möchtest, dann biete ihm wie selbstverständlich eine Alternative an oder sage ihm, dass du gerne deinen Gegenstand mit seinem tauschen möchtest.

Wenn dein Kind gerne auf die Knöpfe der Fernbedienung drücken mag, du das aber nicht möchtest, dann kannst Du versuchen, deinem Kind etwas anderes mit Knöpfen anzubieten Ich mache das immer ohne große Erklärungen. „Schau mal, nimm das hier. Da darfst du drücken" oder „Lass uns tauschen. Du bekommst den Ball und du gibst mir das Telefon."

Dadurch ersparst du deinem Kind die Enttäuschung oder den Frust, den es empfinden würde, wenn du ihm den Gegenstand einfach wegnehmen würdest. Ganz oft nehmen Kinder die Alternative ohne Zögern an und spielen glücklich weiter. Wieder ein Anlass weniger, um wütend zu werden.

Gib Hilfe zur Selbsthilfe

„Hilf mir, es selbst zu tun" ist ein bekannter Satz von Maria Montessori.

Wenn es dir möglich ist, du genügend Zeit hast und eine Lösungsstrategie für dein Kind weißt, biete Hilfe zur Selbsthilfe an. Du befriedigst den Drang nach Autonomie, weil du dein Kind immer noch etwas „alleine machen lässt". Gleichzeitig zeigst du ihm jedoch, wie es das schaffen kann – vielleicht nicht auf das erste Mal – aber es wird mit jedem Mal besser. Dadurch verminderst du die Anlässe, in denen dein Kind wütend wird, weil es sich gegen deine helfenden Hände wehren muss – denn es darf seine neue Fertigkeit üben.

Beispiel: Jacke anziehen

Dein Kind möchte die Jacke alleine anziehen. Es versucht es immer und immer wieder. Du merkst, wie es langsam wütend wird. Über die Jacke, die nicht mitmachen will und auf sich selbst, weil es ihm nicht möglich ist, die Jacke alleine anzuziehen. Du könntest jetzt deine Hilfe anbieten (vgl. Kapitel 5 – Seite 56) oder Hilfe zur Selbsthilfe geben:

„Soll ich dir einen Trick verraten?“, „Ja?“, „So kannst du die Jacke einfacher alleine anziehen.“ Während du das sagst, legst du die Jacke auf den Boden und zwar so herum, dass das Kind am Kragen oben steht. Nun zeige deinem Kind, wie es mit beiden Armen gleichzeitig in die Ärmel der Jacke hinein schlüpfen, die Jacke dabei hochheben und über den Kopf nach hinten werfen soll. Dadurch rutscht es in die Jacke hinein. Das liest sich jetzt viel komplizierter als es ist. Schon Zweijährige haben bei mir diese Methode sehr erfolgreich angewandt. Ich habe es ihnen ein paar Mal zeigen müssen, damit die Jacke richtig lag und sie sich wirklich oben am Kragen positionierten. Damit die Jacke mit Schwung über den Kopf geht, braucht es etwas Übung. Dabei habe ich immer wieder geholfen, bis sie den Trick raus hatten. Dann waren sie sehr stolz auf sich und darauf, dass sie die Jacke alleine anziehen konnten.

Beispiel: Schuhe anziehen

Zeige deinem Kind genau, wie es Klettverschlüsse aufmacht, sodass diese offen bleiben. Erkläre ihm, dass es viel leichter ist, den Schuh anzuziehen, wenn es die Schuhzunge vor dem Hineinschlüpfen nach oben zieht. Weise dein Kind darauf hin, dass es die Klettverschlüsse erst hochziehen muss, um die Schuhe enger zu machen. Erst dann kann es die Verschlüsse zudrücken.

Überdenke deine Erwartungen/Forderungen an dein Kind

Kleinkinder sind schnell frustriert und wütend, wenn etwas nicht so ist, wie sie es möchten. Manchmal tragen die Erwachsenen dazu bei, dass es noch mehr Wutanfälle gibt – mehr als unbedingt notwendig gewesen wären. Wie? Durch die Forderungen, die sie an ihr Kind stellen.

Dein Kleinkind muss ganz viele Dinge so machen, wie du es haben möchtest oder wie ein älteres Geschwisterkind es haben möchte. Es muss sich ständig an andere anpassen und das tun, was ihm gesagt wurde. Ob es ein „Lass die Teller bitte in der Spülmaschine, die sind noch schmutzig!" von der Mutter ist, ein „Bleib weg von den Knöpfen!" von dem Vater oder ein „Du sollst das so machen, habe ich dir doch gesagt!" von der älteren Schwester. Das Kleinkind erfährt von allen Seiten Forderungen, die an es gestellt werden. Dem entgegengestellt ist der eigene Wunsch des Kleinkindes, seine Vorstellung darüber, was und wie es etwas machen möchte. Dass Forderungen einerseits und der Wunsch, selbst zu bestimmen andererseits, zu einem Konflikt führen können, erscheint ganz klar.

Demnach ist es für dein Kind eine Erleichterung, wenn du dich bewusst dafür entscheidest, in einigen Situationen die Erwartung an dein Kind „fallen zu lassen". Das wird es nicht bewusst wahrnehmen – aber ein Wutanfall weniger ist eine Erleichterung für beide Seiten.

Es ist demnach ratsam, dich zu fragen, ob die Forderungen bzw. die Erwartungen an dein Kind wirklich notwendig sind. Musst du z.B. über Folgendes bestimmen?

- Was und wie viel gegessen wird?
- Was das Kind anziehen soll? (ich rede hier nicht von der Jacke im Winter, sondern generell von der Kleiderwahl)

- Muss sich dein Kind mit 3 Jahren schon jeden Tag alleine anziehen – auch wenn es das schon kann, aber keine Lust darauf hat?
- Muss dein Kind beim Essen sitzen bleiben, bis alle fertig sind?

Wenn du zu dem Schluss kommst, dass du einige Dinge nicht unbedingt bestimmen willst, reduzierst du Situationen, in denen es zum Machtkampf zwischen dir und deinem Kind kommen könnte – und demnach reduzierst du auch die Situationen, in denen ein Wutanfall folgen kann.

<u>Ein weiterer Vorteil</u>: Du musst dir nicht darüber den Kopf zerbrechen, wie du dein Kind dazu bringst, das zu tun, was du sagst! Alfie Kohn hat das so ausgedrückt: *„Bevor wir nach einer Methode suchen, um Kinder dazu zu bringen, das zu tun, was wir ihnen sagen, sollten wir uns erst die Zeit nehmen, den Wert oder die Notwendigkeit unserer Forderungen zu überdenken“*[18]

Wechsle deine Perspektive – die Welt aus Kindersicht

Es hat viele Vorteile, dich öfters einmal in dein Kind hineinzuversetzen. Dein Kleinkind hat sehr beschränkte Möglichkeiten, sich dir mitzuteilen. Es liegt also an dir, dein Kind zu verstehen. Dabei hilft dir der Perspektivenwechsel.

Versetze dich in die Lage deines Kindes und versuche zu verstehen, was los ist mit ihm. Warum ist es schlecht gelaunt, frustriert oder gar (für dich grundlos) wütend geworden? Ist es hungrig, müde oder erschöpft? Wurden seine Gefühle verletzt? Schafft es etwas nicht?

Wenn du dein Kind verstehst, dann hast du drei Vorteile.
Erstens: Du kannst seine Emotionen besser annehmen und ruhig dabei bleiben.

Zweitens: Du hast die Möglichkeit, auf dein Kind einzugehen, ihm zu zeigen dass du Verständnis für es und seine Wünsche hast.
Drittens: Du machst mit einem Perspektivenwechsel vielleicht einen Wutanfall unnötig, weil du nun anders reagierst.

Du kannst die Welt nicht nur aus Kindersicht betrachten, um deine Perspektive zu ändern, sondern auch mit der Methode: „Der Beobachter" (Seite 86). Wenn du dich in einen außenstehenden Menschen hineindenkst, der dich beobachtet, was du sagst und wie du handelst, wirst du durch diesen Perspektivenwechsel vielleicht anders reagieren.

Muss dein Kind dir blind gehorchen?

Darauf würden wohl die meisten Menschen mit „Nein" antworten. Denn blind gehorchen hat einen negativen Beigeschmack. Beim Blind Gehorchen wird der eigene Verstand übergangen. Wenn ein Mensch jedoch nicht weiß, warum er gehorchen soll, wird er das nur unter Druck tun – und innerlich vor Wut kochen.

Genauso kann es deinem Kind ergehen, wenn es etwas tun soll, was du sagst. Nicht immer versteht es, warum es das tun soll (selbst wenn du es ihm erklärt hast). Von deinem Kleinkind zu erwarten, dass es einer Aufforderung sofort nachkommt, ist unrealistisch. Zu schnell kann das junge Kind von etwas anderem abgelenkt werden, sodass es die Aufforderung gleich wieder vergessen hat.

Wenn du das als Widerstand gegen deine Autorität interpretierst (und das kann in einer angespannten Situation ganz schnell geschehen), dann ist ein Machtkampf und der sich daraus entwickelnde Wutanfall fast schon vorprogrammiert.

Stattdessen kannst du die Aufforderung gemeinsam mit deinem Kind durchführen: „Komm! Wir räumen gemeinsam deine Autos in die Kiste. Hilf mir bitte!“ Oder du kannst folgenden Satz versuchen: „Wenn du mit deinem Buch (Spiel, Malen) fertig bist, dann räume deine Autos in die Kiste.“ Danach gehst du weg und gibst deinem Kind den Raum, die eine Tätigkeit zu Ende zu führen und danach (wenn du Glück hast) die Autos ohne Druck von dir aufzuräumen. Denn wie schon gesagt, kann ein Kind in dem Alter noch ganz schnell abgelenkt werden und deine Aufforderung nach dem Buch vergessen haben. Dann könnte eine Nachfrage helfen: „Du bist ja schon fertig mit deinem Buch. Räumst du jetzt die Autos auf?“

Wenn alles nichts hilft (und du keinen Zwang anwenden und einen Wutanfall riskieren willst), dann ist es häufig am einfachsten, dir die Fantasie der Kinder zu Nutze zu machen (Seite 94). „Komm wir sind jetzt Flugzeuge (dabei Arme nach außen strecken und Geräusche dazu machen). Wir fliegen los (hoch, runter, Kurve fliegen). Oh schau mal, auf der Landebahn da stehen Autos. Die müssen weg, bevor wir landen können. Lass uns die Autos schnell wegräumen (gemeinsam aufräumen). Prima. Jetzt können wir landen.“ (Arme langsam „einfahren“, Geräusche verstummen lassen).

Teile dich mit – verrate deinem Kind, wie du dich fühlst

Thomas Gordon beschreibt, *dass Kinder es nicht wollen, wenn Eltern ihrem Verhalten Beschränkungen auferlegen, ihre Autorität gebrauchen oder androhen. Das erweckt den Trotz im Kinde.*[19]

Uns Erwachsenen geht es genauso. Am liebsten hätten wir es auch, dass all unsere Verhaltensweisen für unsere Familienmitglieder annehmbar wären. Aber einige deiner Verhaltensweisen werden bestimmt immer mal wieder auf Widerstand stoßen – das ist unumgänglich im Zusammenleben.

Dein Kind zeigt viele Verhaltensweisen – annehmbare und für dich nicht akzeptable. Es ist wichtig, dass du bei inakzeptablem Verhalten deinem Kind mitteilst, was du empfindest. Dann hat es erst einmal die Chance, sein Verhalten selbstständig zu verändern – ohne Druck oder Drohungen (welche nur wieder zu Wutanfällen führen würden).

Ein „Ich mag es nicht, wenn…“ ist ehrlich und authentisch und kann sehr gut zum Erfolg führen, weil Kinder ihr Verhalten lieber selbst verändern, als dass ihr Verhalten mit Zwang eingeschränkt wird.

Gordon sagt auch, *dass elterliche Macht als ein Mittel, ihre Kinder zu beeinflussen keine dauerhafte Verhaltensänderung hervorbringen wird, weil das Verhalten erzwungen wurde. Viel eher passiert es, dass das Kind wieder in seine alte Verhaltensweise zurückfällt, sobald das Elternteil nicht mehr anwesend ist*[20]. Darüber hinaus geht das Erzwingen einer Handlung auf Kosten des Selbstwertgefühls deines Kindes und deiner Beziehung zum Kind.

Schon allein deshalb ist es ratsam, deine Empfindungen erst einmal mitzuteilen und zu beobachten, ob das Wissen, wie es dir damit geht, eine Änderung des Verhaltens hervorruft.

Was möchtest du?

Oft entwickeln sich Wutanfälle, weil sich dein Kind nicht verstanden fühlt. Dem kannst du ganz schnell und einfach entgegenwirken, indem du dein Kind fragst, wenn es wütend wird: „Was möchtest du?“, „Was willst du machen?“ oder „Was brauchst du?“

Dein Kind merkt, dass du es verstehen willst und es konzentriert sich mehr darauf, sich dir mitzuteilen, anstatt weiterhin wütend zu werden.

Mein Sohn spricht noch nicht. Deshalb verwende ich in diesem Fall Sätze, die er mit Nicken oder Kopfschütteln beantworten kann. Er möchte z.B. in den Garten gehen, aber sträubt sich gegen das Anziehen der Schuhe. Da wirkt es Wunder, wenn ich sage: „Willst du in den Garten gehen?“ Mein Sohn nickt. Daraufhin erwidere ich: „Dann lass uns schnell deine Schuhe anziehen. Danach kannst du hinausgehen.“

In diesem Beispiel weiß mein Sohn, ich habe seinen Wunsch „in den Garten gehen“ verstanden, er braucht dazu nur die Schuhe anzuziehen.

Schlage einen einfachen Kompromiss vor

Dein Kind möchte seine Schuhe alleine anziehen. Du möchtest aber relativ zügig zur Türe rausgehen und weißt, dass dein Kind es noch nicht ganz alleine schafft.

In solchen Situationen ist es sehr hilfreich und effektiv, einen Kompromiss vorzuschlagen: „Du ziehst dir einen Schuh an und ich mache den anderen.“ Während du den einen Schuh anziehst, kannst du beobachten, wie dein Kind mit dem anderen Schuh zurechtkommt. Wenn du merkst, dass dein Kind wütend wird (oder du merkst, dass dir die Zeit verrinnt), dann kannst du ihm einen Trick zeigen oder ihm deine Hilfe anbieten.

Dein Kind hat trotzdem das Gefühl, dass es den Schuh alleine anziehen bzw. seine Fertigkeit üben durfte. Du hast den Vorteil, dass es schneller geht, wenn du einen Schuh anziehst und beim anderen evtl. helfen darfst.

Führe eine neue Routine ein, damit sie zur Gewohnheit wird

Beobachte einmal deinen Alltag mit Kind. In welchen Situationen kommt es regelmäßig zu Wutanfällen? Oder ist es eine bestimmte Tageszeit? Um die regelmäßigen Wutanfälle zu bestimmten Situationen oder Tageszeiten zu reduzieren, empfehle ich dir, eine neue Routine einzuführen.

Die Routine gibt deinem Kind Sicherheit, weil sie jeden Tag gleich abläuft. Dein Kind kann sich daran orientieren und sich darauf einstellen. Aus diesem Grund wir dein Kind weniger zu Wutanfällen neigen. Es weiß, was auf es zukommt und was du von ihm erwartest.

<u>Wie du eine neue Routine einführst, damit sie zur Gewohnheit wird:</u>

Ich habe die „Routine einführen" in Einführung und erste bis dritte Phase unterteilt. Bei Kindern, die unter 2,5 Jahre alt sind, reicht es, die Einführung zu machen und bei Phase eins zu bleiben. Erst wenn dein Kind die Routine mit seiner Fertigkeit selbständig machen könnte, dann kannst du versuchen, dich ein wenig zurückzuziehen (Phase Zwei). Das Verinnerlichen der Routine schafft das eine Kind früher und das andere später. Meiner Erfahrung nach meistert es erst ein 3jähriges Kind, die neue Gewohnheit selbständig durchzuführen (Phase Drei) - wenn es gute Laune hat.

<u>Einführung:</u>

Werde dir klar darüber, was du verändern willst und mach dir bewusst, dass du dafür erst einmal Zeit investieren musst, bevor die Routine gut läuft. Nimm dir eine Veränderung vor bzw. verändere einen Ablauf (z.B. Bettgehroutine).

Spreche mit deinem Kind über die Situation, die du verändern möchtest. Erkläre deine Gründe, warum du es anders machen magst. Das kannst du schon mit kleinen Kindern in kurzer einfacher Sprache machen.

Überlege dir ein Hilfsmittel, das als Erinnerungsstütze für dein Kind dienen soll. Das kann ein Gegenstand, ein Glöckchen, ein Lied oder das Zeichnen eines Plans sein, das die neue Gewohnheit repräsentieren soll bzw. den Ablauf der Gewohnheit bildhaft darstellt.

Dieses Hilfsmittel hilft deinem Kind, den Übergang von einer Situation in die nächste zu schaffen. Der Vorteil ist, dass nicht du immer die Person bist, die sagt: „Mache dies und mache das“, sondern der Plan, das Glöckchen oder ein anderes Hilfsmittel „sagen“ es.

Erste Phase:

Dein Kind, du und das Hilfsmittel führen die veränderte Situation gemeinsam durch. Wenn du die Bettgehroutine mit einem Plan verändern möchtest: Gehe mit deinem Kind zum Plan und zeige auf das erste Bild und frage es: „Weißt du noch, was du als erstes machen sollst?“ Und so immer ein Bild anschauen, die Handlung gemeinsam durchführen, dann das nächste Bild anschauen.

Wenn du ein Glöckchen verwendest, dann sieht die erste Phase so aus: Du benutzt das Glöckchen (um z.B. die Mittagsruhe einzuläuten). Gemeinsam mit deinem Kind gehst du in das Zimmer und fragst dein Kind, was es während der Mittagsruhe machen will. Dann richtet ihr alle Sachen her, die es dafür benötigt.

Wenn du ein Lied verwendest, um z.B. die Aufräumzeit anzukündigen, dann singst du das Aufräumlied und fängst dabei das Aufräumen an. Wenn du mit Singen fertig bist und dein Kind noch nicht begonnen hat, aufzuräumen, dann sage genau, was es tun soll: „Räume die Autos in die Autokiste, bitte.“

Zweite Phase:

Wenn dein Kind in der ersten Phase gut mitmacht und das Hilfsmittel kennt, ist es an der Zeit, dich immer mehr zurückzuziehen. Du hilfst z.B. beim anfänglichen Aufräumen und lässt dein Kind eine Sache, wie Bauklötze aufräumen, machen und hilfst danach erst wieder mit. Beim Bett-Geh-Plan kannst du dein Kind eine Weile alleine weitermachen lassen und dann wieder dazu kommen, wenn du siehst, dass dein Kind abgelenkt wurde. Dann wieder aktiv mithelfen, bis das Kind wieder bei der „Sache" ist.

Beim Mittagsruhe-Beispiel lässt du dein Kind schon mal vorgehen und eine Beschäftigung herrichten und dann kommst du dazu und ihr redet darüber und schaut, ob noch etwas fehlt.

Die 21-Tage-Regel

Diese Regel besagt, dass wenn man 21 Tage hintereinander an einer neuen Gewohnheit dran bleibt, dass es danach leichter ist, diese anzunehmen und durchzuführen. Laut dieser Regel sinkt der Widerstand gegen die neue Gewohnheit nach 21 Tagen.

Gestehe deinem Kind diesen Zeitraum zu, um sich an eine Veränderung zu gewöhnen. Denke nur an dich selbst, wenn du plötzlich anfangen willst, jeden Tag zum Joggen zu gehen. Das braucht Durchhaltevermögen bis es zur Gewohnheit geworden ist. Wenn jemand dich in dieser Zeit motiviert bzw. mit dir Joggen gehen würde, ginge es viel einfacher, stimmt´s?

Achtung: Eine Gewohnheit wird bei Kindern nie ein Selbstläufer werden, denn Kinder sind immer für kleine und große Überraschungen gut. Erst geht es wochenlang super und plötzlich funktioniert es überhaupt nicht mehr – das kann dir mit Kindern sehr schnell passieren. Das Kind macht einen Entwicklungssprung oder tritt in eine neue Phase ein und schon sind die Gewohnheiten, die zuvor funktioniert haben, wieder vergessen oder „abgelegt" worden. Dann musst du wieder zur ersten Phase zurückgehen bzw. die Routine verändern, wenn dein Kind einen Entwicklungssprung gemacht hat.

<u>Dritte Phase:</u>

Dein Kind akzeptiert die neue Gewohnheit und es setzt diese öfters selbständig um. Es gibt trotzdem Tage, an denen dein Kind schlecht gelaunt ist und keine Lust auf die Routine hat. Dann gehst du zurück zu Phase eins oder zwei. Auch in der dritten Phase sind Rückschläge ganz normal! Weder du noch dein Kind „tragen die Schuld"! Es gehört einfach dazu.

Wenn die Gewohnheit eingeführt ist und dein Kind gut mitmacht, dann schätze es mit einem „Ich freue mich, dass du mir beim Aufräumen hilfst" oder „Ich freue mich, dass die Bettgehzeit so gut läuft und wir dadurch mehr Zeit haben, ein Buch zu lesen".

Wenn es gerade wieder mal nicht so gut läuft, dann bleibe dran. Helfe mit und begleite dein Kind wie in Phase eins. Sage dir selbst, dass Rückschläge ganz normal sind und zum Alltag mit Kindern dazugehören.

Kapitel 7: Was dir helfen kann, um in der Trotzphase ruhiger und gelassener zu bleiben

Im Leben einer Mutter/eines Vaters mit kleinen Kindern, kann es leicht geschehen, dass sie/er nur noch funktioniert, um alles zu schaffen. Wenn ein Wutanfall den nächsten jagt oder eine schlechte Nacht die andere, dann ist es kein Leichtes, ruhig und gelassen zu bleiben. Viel eher führt die Müdigkeit und emotionale Erschöpfung zu Hilflosigkeit oder gar Verzweiflung.

Im Alltag mit einem kleinen Kind hast du nicht gerade viel Zeit für dich selbst. Gerade deshalb ist es wichtig, dass du einen Weg findest, um Kraft und Ruhe zu tanken. Mache dir nochmal bewusst, dass es den Wutanfall deines Kindes verkürzt, wenn du ruhig bleibst. Der eigene Ärger heizt die Situation nur weiter an und hilft deinem Kind auch nicht zu lernen, wie es mit Wut umgehen kann (Vorbildfunktion!).

Was könnten Wege sein, um zu Ruhe, Geduld und Gelassenheit zurückzufinden?

Ein Abend unter Freund/innen, einen Tag alleine sein oder auch ein Paar-Wochenende ohne Kinder können helfen, um wieder ruhiger und gelassener zu werden. In diesem Buch möchte ich jedoch auf die Möglichkeiten eingehen, die du im Alltag mit Kind hast, um gelassener zu bleiben.

Stephen R. Covey spricht von einem Pause-Knopf, den alle Menschen haben[21]. Zwischen der Wahrnehmung einer Situation und deiner Reaktion darauf liegt eine ganz kurze Pause. Diese kann weniger als eine Sekunde dauern – aber sie ist da. Wenn du es nun schaffst, diesen

Pause-Knopf zu drücken – also kurz innehältst bevor du auf eine Situation reagierst, dann hast du die Chance, neue Wege zu gehen. Du musst diesen Knopf öfters drücken – so wie du einen Muskel trainierst – bis es zur Gewohnheit wird, innezuhalten.

In dem Zeitraum zwischen Wahrnehmung und Reaktion kannst du eine der nun folgenden Tipps benutzen, um ruhiger und gelassener zu sein.

Dein Kind ist wunderbar

Im Alltag mit Kindern ertappe ich mich des Öfteren, dass ich genervt oder verärgert bin. Klar, das ist ganz normal. Trotzdem mache ich meine Stimmung abhängig davon, wie sich meine Kinder verhalten.

In einer ruhigen Minute habe ich mir aufgeschrieben, was an meinen Kindern wunderbar ist. Wenn ich wieder einmal ärgerlich werden will und es schaffe, den Pause-Knopf zu drücken, dann erinnere ich mich an meine wunderbaren Kinder. Dadurch habe ich die Chance, mich nicht so abhängig von der Stimmung meiner Kinder zu machen und Verantwortung für meine eigenen Gefühle zu übernehmen.

Wenn du wieder in die Emotionen des Moments hineingezogen wirst, versuche den Pause-Knopf zu drücken und dich daran zu erinnern, was für ein wunderbares Kind du hast!

Wenn du dich noch weiter auf das Positive an deinem Kind konzentrieren willst, dann könntest du ein Tagebuch anlegen, in dem du die schönen Augenblicke mit deinem Kind festhältst. Ob einmal am Tag oder einmal die Woche ist ganz dir überlassen. Das Tagebuch kannst du nach einem anstrengenden Tag mit Kind hervorholen und in positiven Erinnerungen schwelgen.

Suche dir die Kämpfe aus, die dir wirklich wichtig sind

Kind: „Ich will aber ein Kleidchen anziehen"
Mutter: „Es regnet heute, ich möchte, dass du eine Hose anziehst"
Kind: „Wäh, wäh, schluchz, ich will ein Kleidchen anziehen"
Mutter: „Zieh jetzt bitte deine Hose an"
Weiteres Weinen und Schluchzen folgt.

Du kannst dich bestimmt in diese Situation hinein fühlen und dir vorstellen, wie die Szene weitergehen wird.

Wenn es dir wichtig ist, dass dein Kind wie in diesem Beispiel die Hose anzieht, dann erkläre freundlich und bestimmt, warum du es so möchtest. Am besten schlägst du einen Kompromiss vor – anstatt deinen Willen mit all deiner Macht durchzusetzen – das verhindert einen Machtkampf bzw. Wutanfall. Du könntest deinem Kind vorschlagen, dass es, sobald ihr wieder von draußen rein kommt, sein Kleid anziehen darf. Somit hast du eine Situation geschaffen, in der beide glücklich sind.

Wenn du aber feststellst (während du den Pause-Knopf drückst), dass es dir nicht so wichtig ist, dann lenke ein und sage: „Du willst wirklich unbedingt das Kleidchen anziehen, stimmt´s?" Dein Kind wird sich sofort verstanden fühlen, erleichtert sein und zustimmend nicken.

Eine Mutter hat mir vor Jahren (als ich noch keine Kinder hatte) gesagt: „Man muss sich die Kämpfe aussuchen, die man mit seinen Kindern ausfechten mag". Diese Aussage begleitet mich jetzt und ich sehe nun die Weisheit in diesem Satz. Ich bin auch zu dem Schluss gekommen, dass ich nicht immer meine Meinung durchsetzen muss (und auch nicht will) und mir somit die „Kämpfe" aussuche, die mir wirklich wichtig sind.

Fokussiere dich auf deine langfristigen Ziele für dein Kind

Überlege dir in einer ruhigen Stunde einmal, welche langfristigen Ziele du für dein Kind hast. Was für ein Mensch soll dein Kind werden? Welche Charaktereigenschaften möchtest du fördern? Wie soll dein Kind später andere Menschen behandeln?

Danach beobachtest du dich im Alltag mit deinem Kind und hinterfragst, ob du mit deinem Handeln, bzw. deinen Worten deine langfristigen Ziele für dein Kind unterstützt oder ob du eigentlich gegen deine Erziehungsziele arbeitest.

Mit dieser Beobachtung möchte ich dich weder deprimieren, noch Schuldgefühle oder Zweifel an dir wecken oder dich gar unter Druck setzen, perfekt sein zu wollen. Anstatt dessen soll dich das Wissen, dass deine Handlungen und Worte großen Einfluss auf deine langfristigen Ziele in der Erziehung haben, inspirieren. Inspirieren dazu, Worte zu wählen (während du innehältst) und Handlungen durchzuführen, die deine gewählten Erziehungsziele unterstützen.

Alfie Kohn sagt, *dass wenn sich Eltern auf irgendetwas Anspruchsvolleres konzentrieren als nur darauf, dass ihre Kinder jetzt sofort gehorchen sollen, dazu neigen, bessere Erziehungsfähigkeiten einzusetzen und bessere Ergebnisse zu erzielen.*[22]

Wenn du dich kurz auf deine Erziehungsziele fokussierst, bevor du auf eine Situation reagierst, dann verlieren manche Ärgernisse im Alltag mit Kind ihre große Bedeutung, weil es dir z.B. viel wichtiger ist, dass dein Kind ein selbstbewusster, glücklicher, an seine Fähigkeit glaubender Erwachsener wird als jetzt das zu machen, was du von ihm möchtest.

Einer meiner wichtigsten Erziehungsziele ist, dass meine Kinder und ich immer noch eine wertschätzende und liebevolle Beziehung haben, wenn sie erwachsen sind. Ich fokussiere mich im Alltag immer einmal wieder auf meine Ziele der Erziehung. Wenn ich es mache, dann wähle ich ganz automatisch wertschätzendere Worte, einen netteren Tonfall und in meinem Tun schwingt mehr Liebe und Verständnis mit.

Nimm dir eine Auszeit

Ist der andere Elternteil gegenwärtig, kannst du dir leichter eine Auszeit nehmen. Du ziehst dich für kurze Zeit aus dem Alltag zurück, um in Ruhe durchzuatmen und deine aufgewühlten Emotionen in den Griff zu bekommen.

Wenn du jedoch alleine mit deinem Kind bist, ist eine Auszeit nicht so einfach. Du kannst es versuchen, deinem Kind mitzuteilen, dass du dich jetzt kurz alleine beruhigen musst, weil du wütend bist und dann in ein anderes Zimmer gehen. Je nach Kind wird das akzeptiert oder –wie im Falle meiner Tochter – leider nicht.

Anstatt dessen bin ich dazu übergegangen, eine gemeinsame Ruhezeit zu machen. Ich teile ihr auch mit, dass ich wütend bin und mich beruhigen will. Ich setze mich auf das Sofa, nimm mir eine Zeitschrift und sage: „Hol dir ein Buch und setze dich zu mir aufs Sofa. Wir machen jetzt eine kurze Ruhezeit, damit ich wieder ruhiger werde."

Der Fokus liegt auf mir und dass ich es selbst schaffen muss, meinen Ärger loszulassen. Ich zeige meinem Kind, dass ich dazu einen ruhigen Moment brauche. Zugleich bin ich ein Vorbild für mein Kind, indem ich ihm zeige, wie Ärger bewältigt werden kann.

Suche eine für dich machbare Auszeit im Alltag mit deinem Kind.

Nimm den Moment an, so wie er ist

Anfang des Jahres wollte mein kleiner Sohn plötzlich abends nicht mehr schlafen gehen - geschweige denn wach in sein Bett gelegt werden. Im letzten halben Jahr war das überhaupt kein Problem.

Als ich so im Dunkeln saß, mit ihm auf dem Arm und langsam eine gewisse Ungeduld in mir Aufstieg (wäre es nicht schön, wenn ich endlich Feierabend hätte, jetzt schlaf doch mal ein...), kam mir plötzlich eines in den Sinn:

Wie wäre es, wenn ich den Moment annehmen würde, wie er jetzt gerade ist, weil ich die Situation nun nicht mehr ändern kann? Ich habe mir Folgendes gedacht: „Er braucht mich jetzt einfach zum Einschlafen. Tagsüber ist er so ein Sonnenschein und schenkt mir viel Freude und jetzt gebe ich ihm die Zeit in meinem Arm, die er braucht, um in den Schlaf zu finden. Ich akzeptiere, dass er mich zum Einschlafen mehr braucht als sonst und nutze die Zeit, um meinem Kind bewusst ganz nahe zu sein, bei ihm zu sein - im Moment zu sein. Und ich investiere in unsere Bindung zueinander."

Ab dem Zeitpunkt, als ich mich auf den Moment einließ, fiel die Anspannung von mir ab und der negative Gedankenzug (...die Zeit könnte ich jetzt auch effektiver nutzen, wenn er nur schlafen würde wie früher, jetzt ist es schon nach 21 Uhr, ich will Feierabend....) wurde langsamer - manchmal stoppte er sogar für eine kurze Zeit. Genau dann landete ich im Hier und Jetzt mit meinem Kind im Arm, das sich vertrauensvoll und ganz ruhig an mich kuschelte. Nach längerer Zeit wurde er ruhig und ich konnte ihn in sein Bett legen.

Diese Methode ist sehr empfehlenswert, wenn die Anspannung bzw. der Ärger sich gerade erst aufbauen und du den Pause-Knopf drückst. Dann wählst du bewusst andere positive Gedanken, in denen du den

Moment annimmst, so wie er ist. Du übst dich – genau wie dein Kind in der Trotzphase – mit deinen Frustrationen umzugehen, ohne gleich vor Wut überzukochen.

Ein weiterer Vorteil dieser Methode ist, dass du deinen Alltag „entschleunigst", weil du dich dem Moment hingibst und aufhörst, an all das zu denken, was du noch tun möchtest. Du bist also für eine kurze Zeit im Hier und Jetzt. Darüber hinaus schenkst du deinem Kind deine gelassenere Präsenz und nimmst somit „den Wind aus den Segeln" einer Situation.

Hinweis: Du musst die Situation nicht gut heißen oder für immer hinnehmen, sondern das „Jetzt" so annehmen, wie es nun ist. Wenn du an der Situation etwas ändern möchtest, dann kannst du das in der kommenden Zeit machen - im Jetzt ist es meistens schon zu spät für Veränderungen.

Falls es dich interessiert: Nach einem Monat war das abendliche Bettgehen wieder genauso problemlos wie zuvor. Es war eine Phase, in der mich mein Sohn brauchte.

Du musst nicht perfekt sein (und dein Kind auch nicht)

Alles läuft genau nach Plan. Deine Wohnung/Haus ist bis auf das I-Tüpfelchen strukturiert und dekoriert. Deine Kinder sind strahlende Wunderkinder, die keine Wutanfälle haben und sich nie schmutzig machen.

Du bist immer nach der neuesten Mode gestylt und das erste, was du am Morgen in aller Ruhe tun kannst, ist duschen, anziehen und genüsslich deinen Kaffee trinken, während du seelenruhig in der Tageszeitung blätterst. Währenddessen ziehen sich deine Kinder fröhlich an und kommen dann mit perfekter Laune zum Frühstück.

Das ist wohl das perfekte Bild einer perfekten Mutter/eines perfekten Vaters mit perfekten Kindern. Im ersten Moment des Lesens klingt dieses perfekte Leben vielleicht noch erstrebenswert. Wenn ich jedoch länger darüber nachdenke, erscheint es mir starr und fast ein bisschen langweilig. Was spricht dagegen, wenn deine Wohnung/dein Haus strukturiert unordentlich ist? Nichts! Solange du und deine Familie euch wohl fühlt und meistens alles findet, was ihr sucht, ist doch alles in Ordnung. Dein Zuhause muss nicht perfekt aussehen – schon gar nicht, wenn kleine Kinder darin leben.

Kleine Kinder, die sich nie schmutzig machen und keine Wutanfälle haben, sitzen höchstwahrscheinlich die ganze Zeit vor dem Fernseher oder dem Computer. Spielende Kinder in dem Alter schaffen es nicht, auf Dauer sauber zu bleiben bzw. ruhig zu sein.

Willst du „perfekte Kinder" vor dem Fernseher oder „richtige Kinder", die lachen, spielen, toben, weinen, sich ausprobieren und sich dabei schmutzig machen? Kinder also, die Leben und Bewegung in deinen Alltag bringen?

Wenn du in alter Hose und Gummistiefeln mit deinen Kindern über Baumstämme balancierst oder durch Pfützen hüpfst, macht das vielleicht mehr Spaß als modisch angezogen auf einer Bank zu sitzen.

Habe den Mut, während du innehältst, nicht perfekt sein zu müssen und gewinne dadurch die Freiheit, das Leben mit deinem Kind genießen zu können und dich einmal in Ruhe hinsetzen zu können, während dein Kind schläft - anstatt aufzuräumen.

Nimm dich als Mutter/Vater an und schätze dich – so wie du bist (nicht so wie du in der perfekten Vorstellung von dir und deiner Familie sein möchtest). Du bist perfekt, so wie du bist – vor allem für dein Kind, das dich ohne wenn und aber liebt!

Finde deinen Humor wieder

Funktionierst du noch oder lachst du schon?

Es kann wirklich geschehen, dass ein Elternteil, welcher tagein und tagaus den Alltag mit kleinen Kindern meistert, den Humor verliert. Er/Sie funktioniert nur noch, um irgendwie den Tag zu überstehen und dem Chaos und den Herausforderungen des Alltags gerecht zu werden. Dabei merken sie gar nicht, dass sie sich selbst Steine in den Weg legen. Mit einem Lachen bzw. dem Wahrnehmen, dass eine Situation eigentlich auch als lustig interpretiert werden kann, könnten viele Situationen entspannt werden.

<u>Möglichkeiten, den Alltag mit Kleinkindern zu entspannen und mit Humor zu nehmen (anstatt zu schimpfen oder sich zu stressen):</u>

Dein Kleinkind will sich nicht anziehen lassen und läuft davon. Du drückst den Pause-Knopf und denkst dir: „Eigentlich ist es süß und lustig, wenn er lachend wegläuft." Spielerisch, mit verschmitztem Lächeln (und Jacke, Mütze in der Hand) rufst du: „Na, dich schnapp ich mir gleich!" und mit stampfenden Füßen läufst du zu deinem Kind. Dein Kind wird höchstwahrscheinlich freudig kreischend weglaufen. Du schnappst es dir, umarmst es, wirfst es vorsichtig in die Luft und dann stellst du es lachend auf den Boden und ziehst schnell Mütze und Jacke an. Dabei erzählst du: „Jetzt bin ich aber gerannt, um dich zu schnappen!"

Mein Sohn versteckt sich gerne, wenn es Zeit ist zu gehen. Es ist seine allergrößte Freude, wenn ich ihn kurz suche und ihn dort fertig anziehe.

Als meine Große noch kleiner war und es nicht ganz schaffte, sich die Jacke anzuziehen, half es, humorvoll zu sagen: „Also wirklich. Diese Jacke! Die hilft einfach nicht mit. Dann helf ich dir einfach, wenn die Jacke so störrisch ist".

Der Beobachter

Den Beobachter habe ich immer wieder einmal in diesem Buch erwähnt. Während du den Pause-Knopf drückst, stellst du dir eine Person vor, die dich mit deinen Kindern sieht. Bemerkt diese Person an deinem Tun und Sprechen, wie sehr du deine Kinder liebst? Was würde dieser Beobachter über dein Handeln und deine Worte denken? Dieser Perspektivenwechsel kann dir helfen, ruhiger zu werden und gelassener zu reagieren.

Kapitel 8: Lass den Sturm an dir vorüberziehen – oder: die Ruhe nach dem Sturm

Der Sturm hat sich gelegt. Alles ist ruhig – friedlich sogar. Die Sonne kommt hervor. Du gehst hinaus und hältst dein Gesicht der Sonne entgegen. Sie wärmt deine Haut mit ihren goldenen Strahlen. „Das Leben ist so schön!" denkst du dir – vergessen sind die Gefühle, die du während des Sturmes hattest.

Genauso solltest du den Moment genießen, wenn wieder ein Wutanfall vorüber ist. Oder die Tage, an denen es keinen Wutanfall gibt. Wie die Sonne im Frühling den Winter vergessen lässt, so kannst du die wundervollen und herzerwärmenden Momente mit deinem Kind genießen und die anstrengende Zeit vergessen. Damit die schönen Zeiten überwiegen, habe ich sechs Tipps für dich, wie du Wutanfälle umschiffst:

Sechs Tipps, wie der Sturm an dir vorüberzieht

Es gibt genügend Wutanfälle im Leben deines Kindes. Deshalb kannst du einige davon auch an dir vorüberziehen lassen (also keinen Sturm daraus entwickeln lassen). Dein Kind hat noch genug Möglichkeiten, sich in Wutmanagement und Frustrationstoleranz zu üben mit den verbliebenen schwierigen Situationen.

Tipp Eins: Weniger Nein sagen

„Mama, kann ich Wasserfarben malen?" – „Nein, jetzt nicht"
„Mama, kannst du mir ein Buch vorlesen?" – „Nein, ich mache gerade die Wäsche"
„Mama, können wir raus in den Regen gehen?" – „Nein, ein andermal"

So oder ähnlich ergeht es deinem Kleinkind, das voller Tatendrang ist. Es stellt sich freudig vor, was es alles machen könnte, nur alleine kann es diese Dinge noch nicht machen.
Was hält dich davon ab „Ja" zu sagen?
Zeitdruck? Haushalt? Keine Lust? Zu großer Aufwand?

Vielleicht magst du Folgendes mal versuchen: Anstatt sofort „Nein" zu sagen, frage dich kurz: „Warum eigentlich nicht?" Wenn du keine guten Gründe dagegen findest, dann stimme dem Wunsch deines Kindes zu. Du wirst große Freude von deinem Kind ernten. Anstatt standardmäßig „Nein" zu sagen, sage öfters mal „Ja, warum eigentlich nicht"

Falls du dir jetzt denkst, dass dein Kind aber lernen muss, mit Grenzen und Frustrationen umzugehen, dann beobachte einmal einen Tag oder eine Woche in eurem Alltag. Ich glaube, es treten trotz vielen „Ja, warum eigentlich nicht?" noch sehr viele „Nein, das geht leider nicht" auf. Genügend, um Grenzen einhalten und Frustrationstoleranz zu üben.

Ein weiterer Grund, der für mehr „Ja" spricht, ist, dass es für dich anstrengend ist, so oft „Nein" zu sagen, es durchzusetzen, das Einhalten des Verbots zu überwachen und einen Wutanfall zu riskieren.

Wenn du jedoch einmal „Nein" aus voller Überzeugung sagst, weil du gute Gründe für dein „Nein" hast, dann trittst du viel bestimmter, klarer und authentischer auf, als wenn du „Nein" einfach nur so dahin sagst. Auf ein bestimmtes und überzeugtes „Nein" hören Kinder sehr viel besser.

Fällt es dir schwer, öfters mal „Ja" zu sagen? Dann frage erst einmal dein Kind (wenn es alt genug ist), „warum es diese Sache machen möchte". Lerne zuerst die Gründe für den Wunsch deines Kindes kennen, bevor du den Vorschlag deines Kindes ablehnst. Vielleicht überzeugt dich dein Kind mühelos.

Wenn du wieder mal zu schnell „Nein“ gesagt hast, was mir auch oft passiert, dann sage einfach: „Wenn ich darüber nachdenke, warum eigentlich nicht? Du möchtest es ganz gerne machen, stimmt´s? Komm dann machen wir es und du hilfst dann fest mit beim Aufräumen (bzw. Saubermachen), versprochen?“

Idealerweise lenkst du ein, bevor ein Riesengeschrei entstanden ist. Also während du in geknickte Augen schaust oder der Mund sich zum Weinen verzieht. Dann entsteht die Verbindung: Schreien = Einlenken nicht. Der Fokus liegt auf dem Verständnis, dass du verstehst, wie wichtig der Wunsch deinem Kind ist.

Tipp Zwei: Die Einmal-Noch-Methode

Diese Methode hat mich schon viele Jahre begleitet. Zuerst in meiner Zeit als Nanny und jetzt auch als Mutter. Sie hat mir eine Menge Ärger in Form eines Machkampfs oder Wutanfalls erspart. Sie ist eine wundervolle Art und Weise, ein Kind sanft auf das Ende eines Spiels oder einer Handlung vorzubereiten.

Die Einmal-Noch-Methode nimmt deinem Kind den Schock, dass nun das schöne Spiel sofort vorbei sein soll. Ich benutze sie zusätzlich zur Vorbereitung meiner Kinder (Seite 59).

Ein Beispiel:
Wir sind auf dem Spielplatz. Meine Kinder haben eine schöne Zeit und viel Freude am Rutschen. Ich schaue auf die Uhr und denke mir, dass es bald Zeit zum Heimgehen ist. Ich sage zu meinen Kindern: „Es ist bald Zeit, nach Hause zu gehen“. Nach weiteren fünf Minuten: „Gleich ist es

Zeit zu gehen.“ Und ein paar Minuten später: „Es ist nun Zeit, nach Hause zu gehen. Jeder darf noch einmal rutschen und dann gehen wir.“ Nachdem meine Kinder noch einmal gerutscht sind, nehme ich sie an die Hand und führe sie sanft aus dem Spielplatz raus.

Die Erklärung zum Beispiel:
„Es ist bald Zeit, nach Hause zu gehen“ ist die erste Vorbereitung. Meine Kinder hören die Ankündigung, dass sich ihre Zeit auf dem Spielplatz dem Ende neigt, zum ersten Mal – ohne gleich den Spielplatz verlassen zu müssen. Sie können sich auf ein baldiges Ende vorbereiten, sich innerlich darauf einstellen.

„Gleich ist es Zeit zu gehen.“ ist eine weitere Vorbereitung, dass das Ende fast da ist.

„Jeder darf noch einmal...“ – während ich das sage, hebe ich meinen Zeigefinger hoch (du kannst auch den Daumen verwenden), um das 1x noch bildlich darzustellen. So ungefähr wie eine Ampel, die auf Gelb umschaltet. Der Zeigefinger signalisiert das „Einmal noch“ sehr gut.

„..noch einmal Rutschen und dann gehen wir“ ist eine letzte Vorbereitung: Es geht wirklich zu Ende. Um Abschied zu nehmen, dürfen sie noch ein letztes Mal das machen, was sie gerade noch getan hatten.

Es kann natürlich sein, dass sich dein Kind trotz der Vorbereitung und dem einmal Rutschen sträubt, zu gehen. Dann erwidere freundlich und bestimmt: „Du hast jetzt noch einmal rutschen dürfen und nun ist es wirklich Zeit, zu gehen. Ich muss noch (z.B.) kochen“. Hier könntest du hinzufügen: „Weißt du, was wir heute kochen?“ Und die Gedanken deines Kindes werden weg vom Spielplatz und hin zum Kochen gelenkt.

Diese Methode verstehen schon die ganz Kleinen. Ich habe sie bestimmt schon angewandt, als meine Kinder knapp über einem Jahr waren. Jetzt ist mein Sohn 1,5 Jahre alt und wenn ich zu ihm sage: „Es ist bald Zeit zum Gehen“ (also bei meiner allerersten Vorbereitung), dann hebt er manchmal seinen Zeigefinger hoch, um mir zu signalisieren, dass er sein Tun noch einmal machen möchte! Er hat die Methode und die Zusammenhänge begriffen.

Meine Tochter ist nun 4 Jahre alt und ergänzt die Methode noch um eine Übung, Kompromisse auszuhandeln. Sie sagt dann: „Noch drei Mal Mama“. Das finde ich klasse! Sie schaut auf ihre Wünsche und steht für sie ein – ohne mich mit einem Wutanfall dazu bringen zu wollen, ihren Wünschen nachzugeben. Die Methode gab ihr also die Möglichkeit, Wünsche durchzusetzen in Form eines Kompromisses. Ich sage: „O.k., drei Mal noch, das ist für mich in Ordnung“. Hätte sie „noch zehn Mal Rutschen“ gesagt, würde ich erwidern: „Dann komme ich zu spät nach Hause. Du darfst noch fünf Mal Rutschen“.

Tipp Drei: Ablenkung

Die Ablenkung lässt einen Wutanfall oft gar nicht entstehen. Besonders praktisch ist sie, wenn du in der Öffentlichkeit bist oder unter Zeitdruck stehst und ein Wutanfall deines Kindes das Letzte ist, was du brauchen kannst.

Darüber hinaus benutze ich die Ablenkung sehr gerne für Situationen, in denen ich über mein Kleinkind hinweg entscheiden muss. Beispiel: Wir müssen seine Schwester vom Kindergarten abholen und er muss im Kinderwagen sitzen – auch wenn er dazu manchmal keine Lust hat. Das finde ich schon schlimm genug, wenn ich über ihn hinweg bestimmen muss, dann möchte ich meinem Kind zumindest die Anstrengung eines Wutanfalls ersparen. Während ich ihn im Kinderwagen anschnalle, lenke ich ihn mit seinem Lieblingslied ab, kitzle ihn oder sage einen Reim auf.

Die Ablenkung kann alles Mögliche sein (dir fallen bestimmt noch viele andere ein):

- Kind kitzeln („Meine Finger haben gerade so eine Lust zu kitzeln, wen könnten sie denn kitzeln?")
- Dem Kind etwas Interessantes zeigen („Schau mal aus dem Fenster, die Wolke sieht aus wie eine Schildkröte!")
- Etwas Lustiges vorschlagen („Meine Zehe ist gerade eingeschlafen, das kitzelt vielleicht. Kannst du helfen, sie wieder aufzuwecken?")
- Kind im Kreise drehen („Schau, die Wut fliegt weg!")
- Sätze wie: „Sag mal, was sollen wir heute zum Abendessen machen?"

Ablenkungsversuche sind jedoch so gut wie immer nutzlos, wenn sich dein Kind schon in seine Wut hineingesteigert hat. Wenn du es ablenken willst, dann tue dies schon, wenn sich Frust aufbaut oder wenn sich erste Anzeichen großer Wut zeigen.

Ablenkung als Methode für jegliche frustrierende Situationen würde ich jedoch nicht empfehlen. Dann könnte dein Kind nämlich das Gefühl bekommen, du nimmst es, seine Gefühle und Bedürfnisse nicht ernst, weil du immer ablenkst anstatt auf es einzugehen.

Ich benütze die Ablenkung gegen nahende Wutanfälle unter Zeitdruck, in der Öffentlichkeit und wenn ich über mein Kind hinweg bestimmen muss.

Tipp Vier: Erklärungen mit Humor

Wenn dein Kind deine Erklärung (warum es etwas nicht machen darf bzw. es jetzt etwas tun muss) nicht annehmen mag, du aber keinen Kompromiss zu diesem Thema eingehen willst, dann kann Humor lebensrettend bzw. Wutanfall vermeidend sein.

Manchmal mag mein Sohn seine Windeln nicht wechseln lassen. Ich lasse ihm Zeit, zeige Verständnis und lasse ihn zu Ende spielen. Irgendwann muss die Windel gewechselt werden. Wenn er sich dann gegen mein „So, jetzt müssen wir wirklich zum Windeln wechseln gehen“ sträubt, dann klopfe ich leicht auf seine Windel und sage „Oh schau mal, wie voll die Windel schon ist. Wenn wir die nicht schnell wechseln, dann platzt sie und macht PLATSCH“ (dabei mache ich ganz große Augen, klatsche in die Hände und werfe danach meine Hände theatralisch nach oben – etwas Lustiges, dass das Platsch optisch begleitet und für Kleinkinder amüsant ist). Da fängt mein Sohn dann zu kichern an und er lässt sich bereitwillig auf den Wickeltisch legen. Das hat meinem Sohn so gut gefallen, dass dieses „Platsch“ immer noch funktioniert – ich musste mir keine neuen humorvollen Erklärungen ausdenken.

Wenn meine Tochter meine Erklärung, warum sie etwas bleiben lassen soll, nicht annehmen mag, dann grinse ich manchmal urplötzlich und ganz unerwartet und wackle mit meinen Fingern: „Ich muss dich so lange kitzeln, bis du zuhörst.“ Da fängt sie schon zu kreischen und wegzulaufen an. Und schon sind wir beide in einer anderen Situation.

Manchmal macht eine humorvolle Erklärung den Alltag mit Kind einfach leichter.

Tipp Fünf: Fantasie der Kinder nutzen

Unliebsame Tätigkeiten für dein Kind können mit Fantasie aufgelockert werden und lassen so einen Wutanfall nicht entstehen.

Beispiele:

- Erwecke die Zahnbürste zum Leben. Lasse sie sprechen und lustige Putz-Geräusche machen.
- Beim Anziehen: „Huch, wo sind denn deine Hände hin? Die sind ja verschwunden. Aber was kommt da aus deinem Ärmel raus. Ist das etwa eine Schlange? Nein, das ist deine Hand!"
- Erfinde eine lustige Geschichte, wenn du merkst, dass dein Kind müde, erschöpft oder hungrig ist, aber ihr z.B. noch unterwegs seid und dein Kind noch ein bisschen durchhalten muss. Diese Geschichten müssen nicht lang oder kreativ sein. Es reicht deinem Kind schon, wenn du z.B. von einem Tier (mit Namen) erzählst und was es so den ganzen Tag gemacht hat (am besten auch Dinge, die dein Kind gerne macht). Lass dem Tier noch ein paar lustige Sachen passieren (Klassiker: Pupser lassen) und dein Kind lacht, anstatt zu quengeln.

Tipp Sechs: Dem Kind Zeit zum Verabschieden geben

Oftmals wird es deinem Kind schwerfallen, eine geliebte Tätigkeit beenden zu müssen. Entweder weil du nach Hause gehen willst, weil es Schlafenszeit ist oder ein anderer Termin ansteht. Für mich hat sich in solchen Situationen das „sich Verabschieden" bewährt.

Beispiel:
Dein Kind schaut schon seit zehn Minuten fasziniert den Pferden zu, die ihr während eines Spazierganges entdeckt habt. Du willst langsam weiter gehen und du sagst zu deinem Kind „Jetzt sagen wir Tschüss zu

den Pferden“. Dann winkst du und rufst den Pferden ein fröhliches „Tschüss“ zu. Dein Kind wird es dir wahrscheinlich nachmachen – je nach Alter auf seine Art und Weise. Dann geht ihr gemeinsam weiter.

Wie du nach einem Wutanfall deines Kindes leichter von Sturm auf Sonnenschein umschalten kannst

Kinder haben eine Gabe, die es wert ist, von ihnen zu lernen. Kinder können von Ärger und Wut im einen Augenblick zu Freude und Fröhlichkeit im nächsten Augenblick wechseln.

Wie oft war meine Tochter nach einem Wutanfall gut gelaunt, wollte fröhlich mit mir spielen und ich steckte noch in den Nachwehen des Wutanfalls fest. Meine Gedanken sahen ungefähr so aus „Jetzt willst du fröhlich spielen, ich habe aber gar keine Lust darauf nach diesem anstrengenden Wutanfall. Ich muss mich erst mal beruhigen, Zeit für mich haben.“ Was aber hielt mich davon ab, es meiner Tochter gleichzutun und den Wutanfall einfach so hinter mir zu lassen?

Hilft mir dieses verlängerte Nachdenken über den Wutanfall in irgendeiner Weise? Außer dass ich mich von meinem Kind distanziere und ich mich dadurch vielleicht etwas beruhige (auf Kosten meiner Tochter, die gar nicht weiß, was mit mir los ist) – nein.

Wie also kann ich zwischen Ärger und Freude umschalten, wie es die Kinder tun? Die Antwort muss wohl lauten: Im Moment leben. Denn Kinder haben im Gegensatz zu uns Erwachsenen noch kein Zeitgefühl. Kein „vor“ und „nach“ einem Wutanfall, eher ein Wut raus lassen und dann ist die Wut weg.

Kinder denken nach dem Wutanfall nicht mehr an ihre Wut – warum auch? Die Wut ist weg. Das Kind konzentriert sich auf etwas anderes – etwas, das ihm Freude bereitet.

Das muss der Schlüssel zum Geheimnis sein! Denke nicht über den vergangenen Wutanfall deines Kindes nach. Ärgere dich nicht über einen Wutanfall, der schon wieder vorbei ist. Lass dich wie ein Kind von etwas anderem ablenken.

Das „Ablenken lassen“ fällt mir leider nicht so leicht wie einem Kind. Ich muss mich bewusst selber ablenken. Das kann im gedanklichen Selbstgespräch funktionieren: „O.k., die Stresssituation ist vorbei. Es bringt mir nichts, mich weiter aufzuregen. Also lass ich jetzt den Ärger los. Was habe ich heute schon Positives mit meiner Tochter erlebt? Ah ja, es war so süß, wie sie lachend in meine Arme sprang!“ (In der Erinnerung daran muss ich lächeln, ich habe mich abgelenkt).

Manchmal hilft es mir, wenn ich mich dazu „zwinge“, meine Lippen zu einem Lächeln hochzuziehen. Allein die körperliche Aktion löst schon ein freundlicheres Gefühl in mir aus. Probier es mal aus!

Der Unterschied zwischen „im Ärger stecken bleiben“ und „wieder Freude spüren“ liegt also im Denken. Übernehme Verantwortung für deine „Selbstgespräche“ im Kopf und werde schneller wieder glücklich und gelassen. Vielleicht hilft dir folgender Satz als Inspiration für dein verändertes Selbstgespräch: „Ich will jetzt die Zeit mit meinem Kind genießen. Mit ihm kuscheln, reden, spielen und Zeit verbringen. Der Tag, an dem es all das nicht mehr (so oft) braucht oder will, kommt früh genug. Dann habe ich auch wieder mehr Zeit für mich. Wahrscheinlich denke ich dann wehmütig an die Zeit zurück, die ich im Moment durchlebe.“

Stärke deine Beziehung zu deinem Kind in ruhigen Zeiten

Ich finde es sehr wichtig, dass Eltern ihren Kindern jeden Tag bewusst eine extra Portion Aufmerksamkeit schenken. Natürlich sind sie auch sonst für ihre Kinder da, hören ihnen zu, reden mit ihnen. Was ich jedoch meine ist eine besondere Zeit, die du dir extra für dein Kind nimmst – ohne dass sie von deinem Kind eingefordert wird.

<u>Beispiele dafür:</u>

- Zeit nehmen, um das Fensterbild mit deinem Kind zu basteln, das es längst schon machen wollte.
- Zeit nehmen, um am Abend zu kuscheln und über den Tag zu reden.
- Dein Kind will ein langes Buch vorgelesen bekommen und du machst es, obwohl der Wäscheberg auf dich wartet.
- Du nimmst dir die Zeit für ein Gespräch. Du hörst aufmerksam und interessiert zu, wenn dir dein Kind etwas erzählt. Du schaust dein Kind dabei an, fragst nach, spiegelst Gehörtes wider. Ein Gespräch kommt in Gang.

Dein Kind merkt daran, dass es selbst wichtig für dich ist, weil du ihm Aufmerksamkeit schenkst. Einfach nur so, weil es dein Kind ist und du es lieb hast – nicht weil es wütend auf dem Boden liegt und schreit. Schenke deinem Kind bewusst einige Male pro Tag zehn Minuten deiner Zeit – ohne dass dein Kind vorher quengeln musste, um deine Aufmerksamkeit einzufordern.

Von diesen Zeiten der Aufmerksamkeit profitieren beide. Du verbringst schöne Momente mit deinem Kind (genieße sie, sie geben dir Kraft für den nächsten Wutanfall) und stärkst zusätzlich noch eure Beziehung. Und dein Kind wird die Aufmerksamkeit lieben und darüber hinaus noch merken, dass es nicht unbedingt quengeln muss, um Beachtung geschenkt zu bekommen. Somit ist die Gefahr geringer, dass dein Kind die Verbindung herstellt: Nur wenn ich schreie oder laut bin, bekomme ich die volle Aufmerksamkeit von meiner Mutter oder von meinem Vater.

Ein zusätzlicher Bonus ist, dass wenn dein Kind immer wieder deine volle Aufmerksamkeit bekommt, es danach viel besser alleine spielen kann.

Weitere Möglichkeiten, um die Beziehung zu deinem Kind zu stärken (dir fallen bestimmt noch mehr ein):

- Mache einen Mutter-Kind-Tag oder Vater-Kind-Ausflug. Gerade wenn ein kleines Geschwisterkind da ist, können diese exklusiven Zeiten mit Mama bzw. Papa eine wunderbare Möglichkeit sein, um sich wieder anzunähern.
- „Ich hab dich so lieb“ zu deinem Kind sagen (natürlich nur wenn du die Liebe auch gerade fühlen kannst - Kinder haben ein feines Gespür, ob jemand die Wahrheit sagt).
- Du kannst mit deinem Kind über eine Situation sprechen, die für dich schwierig war, ihm sagen, wie du dich dabei gefühlt hast (in Bezug auf das Kind, z.B. wenn es dich geschlagen hat). Manchmal kommt eine überraschende Reaktion vom Kind.

Kapitel 9: Wie du potentielle Wutanfall-Situationen entschärfst

Schwierige Bett-Geh-Zeit

Nach der Geburt meines Sohnes war die Bett-Geh-Zeit mit meiner Tochter sehr anstrengend, zeitintensiv und tränenreich geworden. Sie hat versucht, die Bett-Geh-Zeit bzw. mich zu kontrollieren. Sie wollte bestimmen, was, wann und wo ich etwas zu machen habe. Es war ihre Art und Weise gewesen, wieder Kontrolle über ihr Leben zu erlangen – nachdem mit der Ankunft ihres Bruders alles anders geworden war.

Um ihr Sicherheit und Struktur zu dieser Tageszeit zu geben, habe ich mit ihr zusammen einen zu-Bett-geh-Plan gemalt. Wir haben überlegt, was wir alles vor dem Zu-Bett-Gehen machen (aufräumen, Zähne putzen, Schlafanzug anziehen, Bett herrichten, Nachtlicht anmachen). Dann haben wir überlegt, was ihr bei der (bisherigen) Bett-Geh-Routine gefallen hat und was sie davon behalten möchte (Buch vorlesen, vom Tag erzählen, Rücken streicheln, Gute-Nacht Lied singen). Dann haben wir uns daran gemacht, all das auf einem Plan festzuhalten.

Als wir fertig waren, habe ich mit ihr besprochen, dass ich auch Zeit für mich brauche und deshalb ab 20 Uhr Feierabend haben will und dass wir deshalb all die Schritte vom Plan vor dieser Uhrzeit machen werden. Wenn wir es nicht schaffen, dann haben wir keine Zeit mehr für das Buch vorlesen, vom Tag erzählen und singen.

Für uns beide passt dieser Plan. Es gibt viel seltener Tränen. Meine Tochter hat wieder einen sicheren Rahmen und weiß, was sie zu erwarten hat. Somit hat sie selbst auch eine gewisse Kontrolle über die Bett-Geh-Zeit. Unsere Abendroutine ist sehr viel entspannter geworden.

Wie du diesen Bett-Geh-Plan einführst und nützt, findest du im Kapitel 6 unter: Führe eine Routine ein (Seite 72).

<u>Beim Zu-Bett-Gehen könnten auch folgende Tipps für dich wichtig sein:</u>

- „Mama hat mich lieb" – damit dein Kind beruhigt einschlafen kann (Seite 32)
- Stärke die Beziehung zu deinem Kind vor dem Schlafen gehen, nutze die Zeit zum Kuscheln und Reden (Seite 96)
- Halt, Nähe, Beistand gibt deinem Kind das Wissen, dass du da bist (Seite 38)
- Nicht funktionieren müssen ist gerade in der Bett-Geh-Zeit wichtig, sonst wird es für dich und dein Kind stressig und es dauert länger (Seite 39)
- Wertschätzende Sprache – damit die Atmosphäre vor dem Schlafengehen ruhig bleibt (Seite 41)
- Auf Kommendes vorbereiten, so weiß dein Kind, dass es bald zu Bett gehen soll (Seite 59)
- Teile dich mit, warum du z.B. nach 20 Uhr keine Lust mehr hast, ein Buch vorzulesen (Seite 70)
- Den Moment annehmen, wenn es ein schwieriges Zu-Bett-Gehen ist (Seite 82)
- Humor wiederfinden, gerade in Situationen, die dich ansonsten stressen würden (Seite 85)
- Fantasie nutzen, um deinem Kind mit einer lustigen Geschichte das Schlafanzug anziehen zu verschönern (Seite 94)

Beim Einkaufen

Du stehst im Supermarkt vor der Kasse in der Schlange und dein Kind wird auf die Süßigkeiten, die dort aufgestapelt sind, aufmerksam. Was tun? Etwas kaufen oder einen peinlichen Wutanfall riskieren?

In meiner 7jährigen Tätigkeit als Nanny war ich unzählige Male mit drei Kindern beim Einkaufen und mit dieser Frage des Öfteren konfrontiert. Da war mein Einfallsreichtum gefragt. Wie kann ich diese Süßigkeiten-Diskussionen und evtl. Wutanfälle schon im Voraus vereiteln?

Während ich den Einkaufszettel schreibe, erzähle ich den Kindern, dass wir all die Dinge, die auf dieser Liste stehen, benötigen. Variation: Kinder malen bzw. schreiben eine eigene Liste, was sie in den Einkaufswagen legen dürfen. Da dauert das Schreiben des Einkaufszettels natürlich länger, ist aber eine nette Beschäftigung für Kinder.

Wenn wir den Einkaufswagen holen, wiederhole ich, dass wir nur die Dinge auf meiner/unserer Liste in den Einkaufswagen legen. Ich lese die Dinge vor, die am Anfang des Geschäfts zu finden sind und schon geht die Suche nach den Produkten los. Wenn ich eine bestimmte Milch, Butter...haben möchte, sage ich: „Wer findet die Milch, die Butter, die wir immer im Kühlschrank haben?"

Um erfolgreich an den Süßigkeiten innerhalb des Supermarktes vorbei zu kommen und Wutanfälle zu vermeiden, habe ich den Kindern zuvor schon immer eine Auswahlmöglichkeit gegeben z.B. „Welches Obst möchtest du mitnehmen?" oder „Du darfst dir einen Joghurt aussuchen für deinen Nachtisch heute Abend." Wenn ein Kind dann Süßigkeiten einpacken will, kann ich sagen: „Das steht leider nicht auf unserer Liste und du hast dir doch schon einen leckeren Nachtisch ausgesucht." Oder wenn ich nur eine Süßigkeit mitnehmen möchte: „Auf meiner Liste steht ein Päckchen Gummibären, wer findet sie zuerst?" Oder: „Heute steht Vanilleeis auf der Liste, das ist auch was Süßes, ist aber bei den Tiefkühlprodukten."

Bevor wir an die Kasse gehen, sage ich: „Jetzt sind wir fertig mit dem Einkaufen, nun kommt nichts mehr in unseren Einkaufswagen. Hilfst du mir, die Dinge auf das Band zu legen?" Sollte ein Kind sagen „ich mag das", kann ich ganz gelassen reagieren und sagen: „Wir haben alles eingekauft, was auf der Liste stand. Jetzt müssen wir bezahlen, kannst Du noch die Butter auf das Band legen, bitte?"

Noch ein kleiner Trick: Um einen Teil des Großeinkaufs schneller über die Bühne zu bekommen, habe ich Kinder in den Einkaufswagen gesetzt (größere Kinder auch in den Wagen selbst). Ich reichte die eingekauften Sachen und die Kinder legten sie in den Einkaufswagen, bis der Wagen zu klein wurde.

Ein weiterer Trick für Kinder, die schon Taschengeld bekommen und etwas haben möchten, was du nicht kaufen willst: Anstatt zu diskutieren (wenn ich mir grundsätzlich vorstellen kann, dass mein Kind das Produkt haben darf), sage ich, dass es sich das gerne von seinem Taschengeld kaufen kann. Ich lege das Geld aus, mag es aber wieder zurück haben. Entweder ist damit der Wunsch nach dem Produkt weg oder das Kind will es wirklich haben. Ich veranschauliche dem Kind, wie viel von seinem Taschengeld es für dieses Produkt hergeben muss.

Ich denke, Kinder haben ein Recht darauf zu lernen, wie sie mit Geld umgehen. So können sie die Beziehung zwischen Geld und Produkten viel besser verstehen lernen.

<u>Beim Einkaufen könnten auch folgende Tipps für dich wichtig sein:</u>

- Mitentscheiden lassen, welches Obst, Gemüse, Joghurt dein Kind kaufen möchte (Seite 36)
- Verständnis haben, dass es schwierig für dein Kind ist, nicht all die leckeren Dinge haben zu können (Seite 37)

- Einfühlungsvermögen, wie sich dein Kind im Supermarkt fühlt (Seite 38)
- Wutanfall in Öffentlichkeit begleiten (Seite 50)
- Wünsche deines Kindes beim Einkaufen im Blick haben – dies auf die Einkaufsliste setzen (Seite 64)
- Eine Alternative geben: „Du kannst keine Schokolade haben, du darfst dir aber einen Joghurt aussuchen." (Seite 65)
- Perspektivenwechsel, um dein Kind zu verstehen oder selbst ruhiger zu werden (Seite 68)
- Kompromiss anbieten „Wir kaufen keine Schokolade, dafür darfst du zu Hause ein Stück Schokolade haben." (Seite 72)
- Ablenkung, wenn das Thema Süßigkeiten von deinem Kind kommt (Seite 91)

Das Anziehen deines Kindes

<u>Beim Anziehen könnten folgende Tipps für dich wichtig:</u>

- Ernst genommen werden – dein Kind kann schon früh einen eigenen Geschmack entwickeln, was seine Kleidung betrifft (Seite 34)
- Mitentscheiden lassen bei der Kleiderwahl (Seite 36)
- Zugeständnis, anders sein zu dürfen – auch in der Kleiderwahl (Seite 39)
- Umgebung vorbereiten: Kleidung für den Morgen schon am Abend zurechtlegen bzw. dein Kind herrichten lassen (Seite 52)
- Hilfe anbieten, anstatt einzugreifen, um mögliche Wutanfälle beim Anziehen zu vermeiden, weil es dein Kind selbst machen wollte (Seite 56)
- Hilfe zur Selbsthilfe geben: Kleidung kaufen, die leicht anzuziehen ist (Reißverschlüsse, die gut gehen; Knöpfe, die für

Kinderhände geeignet sind, Schuhe mit Klettverschluss) – Seite 65

- Überdenke deine Erwartungen: muss dein Kind sich immer selbständig anziehen, auch wenn es müde oder abgelenkt ist?(Seite 67)
- Schlag einen Kompromiss vor: „Du machst die eine Socke, ich die andere." (Seite 72)
- Erklärungen mit Humor – macht das Anziehen interessanter für dein Kind (Seite 93)
- Nicht funktionieren müssen (Seite 39) – dein Kind braucht Zeit (Seite 54), um sich selbständig anziehen zu können

Beim Essen

Ich vertrete die Meinung, dass sich normalgewichtige Kinder das holen, was ihr Körper benötigt. Dass kann an einem Tag ganz viel sein und am nächsten recht wenig. Es kann sein, dass dein Kind einen Monat lang nur Mandarinen und kein anderes Obst akzeptiert. Danach will es von Mandarinen nichts mehr wissen und isst wieder Bananen, Äpfel und Birnen. Deshalb versuche ich, mich beim Essen nicht auf Kämpfe einzulassen, was, wann und wie viel gegessen wird.

Hat dein Kind oft großen Hunger, während du kochst bzw. wenn ihr vom Kindergarten zurück kommt? Entstehen daraus schnell Wutanfälle? Dann schneide etwas Gemüse und Obst klein und biete es deinem Kind an, während du kochst, bzw. das Mittagessen fertig zubereitest. Dein Kindergartenkind kann auch die Reste aus seiner Brotzeitbox verzehren.

Falls sich dein Kind des Öfteren über das Mittagessen beschwert und wütend das Essen verweigert, dann könntest du es fragen, was es an einem Tag essen möchte. So darf jedes Familienmitglied einen Wunsch abgeben. Vielleicht akzeptiert dein Kind es dann leichter, dass es nicht immer nur sein Lieblingsessen geben kann. Schmeckt ihm etwas nicht, kann es auch nur die Beilage oder Obst/Gemüse essen.

Ich gebe meinen Kindern immer eine kleine Portion von allem auf ihren Teller. Was ihnen nicht schmeckt dürfen sie im Teller lassen. Das, was ihnen geschmeckt hat, können sie sich dann nachholen. So verhindere ich Essensmachtkämpfe.

<u>Beim Essen könnten auch folgende Tipps für dich wichtig:</u>

- Umgebung vorbereiten: Kindergeschirr verwenden, wenn nichts kaputt gehen soll. Eine Unterlage unter dem Hochstuhl anbringen, die leicht waschbar ist. Lätzchen mit Ärmeln und/oder Auffangschale besorgen. Mit diesen Hilfsmitteln bist du entspannter bei den Essversuchen deines Kindes. (Seite 52)
- Beobachte erst einmal, bevor du eingreifend zur Seite stehst (Seite 56)
- Positive Zuwendung während der Essenszeit schenken (Seite 37)
- Überdenke deine Forderungen: muss dein Kind alles essen? (Seite 67)

Während der Morgenroutine

Ist dein Kind kein Frühaufsteher? Dann versuche einmal, dein Kind mit einem Lied, Streicheln oder leichtem Kitzeln zu wecken. Was weckt dein Kind mit guter Laune auf?

<u>Bei der Morgenroutine könnten auch folgende Tipps für dich wichtig sein:</u>

- Einfühlungsvermögen schenken, wenn dein Kind nur langsam wach wird am Morgen (Seite 38)

- Plane mehr Zeit ein, um keine Hektik entstehen zu lassen und um Zeit zu haben, für eine Kuschelminute oder ein kleines Buch (Seite 54)
- Führe eine Morgenroutine ein (Seite 72)
- Bereite dein Kind auf Kommendes vor (Seite 59)
- Erklärungen mit Humor (Seite 93) bzw. finde deinen Humor wieder, um Machtkämpfe bzw. Wutanfälle am Morgen zu vermeiden (Seite 85)
- Wechsle die Perspektive, wenn dein Kind wieder einmal nicht so will wie du es willst (Seite 68)
- Wenn dein Kind noch spielen will, anstatt sich fertig zu machen, dann versuche die Einmal-Noch-Methode (Seite 89) oder das Verabschieden (Seite94)
- Zur Morgenroutine passen auch die Tipps von: „Beim Anziehen" (Seite 103) und „unter Zeitdruck" (Seite 108)

Beim Windeln wechseln

Beim Windeln wechseln könnten folgende Tipps für dich wichtig:

- Verständnis: es macht keinen Spaß aus, dem Spiel entrissen zu werden, um seine Windeln wechseln zu lassen (Seite 37)
- Wünsche deines Kindes im Blick haben: was könntest du ihm anbieten, um das Windeln wechseln interessanter zu machen? (Seite 64)
- Erklärungen mit Humor (Seite 93)
- Lenke dein Kind mit etwas ab (Seite 91)
- Nutze die Fantasie deines Kindes und erzähl etwas (Seite 94)

Bei Müdigkeit/Erschöpfung deines Kindes

Bei Müdigkeit und Erschöpfung könnten auch folgende Tipps für dich wichtig sein:

- Fantasie deines Kindes nutzen, um seine Gedanken weg von der Müdigkeit zu lenken (Seite 94)
- Erklärungen mit Humor, wenn du möchtest, dass dein Kind trotz Müdigkeit noch etwas für dich macht (Seite 93)
- Weniger „Nein“ sagen, weil es besonders bei Erschöpfung ganz schnell zu Wutanfällen kommt (Seite 87)

Bei der Badezeit

Bei der Badezeit könnten folgende Tipps für dich wichtig sein:

Wenn dein Kind die Badezeit liebt:

- Bereite dein Kind auf das Ende der Badezeit vor (Seite 59)
- Die Einmal-Noch-Methode hernehmen, um auf das Ende hinzuweisen (Seite 89)
- Verabschieden von der Badewanne (Seite 94)

Wenn dein Kind die Badezeit nicht mag:

- Gib lustige Erklärungen, warum die Haare gewaschen werden müssen – übertreibe richtig, damit dein Kind merkt, dass du Spaß machst (Seite 93)
- Was könnte deinem Kind die Badezeit erleichtern? Was mag es gerne? (Seite 64)
- Lenke es ab, während du es wäscht (Seite 91)
- Erzähle eine lustige Geschichte beim Abtrocknen (Seite 94)

Beim Aufräumen der Spielsachen

Spielerisch, gemeinsam oder unterhaltsam mit deinem Kind aufzuräumen, bringt die meisten Erfolge und die wenigsten Wutanfälle. Ideen dazu findest du auf: „Kleinwirdgross“[23]

<u>Beim Aufräumen könnten folgende Tipps für dich wichtig sein:</u>

- Bereite dein Kind auf das Aufräumen vor (Seite 59)
- Nimm deine räumliche Situation unter die Lupe: Sind die Spielsachen übersichtlich angeordnet? Hat jedes Spielzeug einen Platz bzw. eine Kiste? Sind zu viele Spielsachen da, könnten welche weggeräumt werden? (Seite 62)
- Überdenke deine Forderung, dass dein Kind schon selbständig aufräumen muss (Seite 67)
- Teile dich mit, wie es dir geht, wenn du alleine aufräumst, weil dein Kind nicht mithilft (Seite 70)
- Habe deine langfristigen Erziehungsziele im Kopf, um ruhig zu bleiben (Seite 80)
- Mit einer Fantasiegeschichte macht das Aufräumen viel mehr Spaß (Seite 94)

Unter Zeitdruck

<u>Wenn du unter Zeitdruck stehst, könnten folgende Tipps für dich wichtig sein:</u>

- Ablenkung deines Kindes, bevor die Wut entsteht, erspart viel Stress (Seite 91)
- Auch unter Stress ist es wichtig, wertschätzend mit deinem Kind zu sprechen (Seite 41)
- Vorbereitung deines Kindes, dass es heute keine Zeit mehr hat zum Spielen (Seite 59)

- Gib Hilfe zur Selbsthilfe, wenn dein Kind etwas alleine machen will oder (Seite 65)
- Schlage einen Kompromiss vor: „Du ziehst den Pulli an und ich deine Strumpfhose." (Seite 72)
- Du musst nicht perfekt sein und dein Kind auch nicht – das nimmt einen gewissen Druck aus der Situation (Seite 83)
- Die Einmal-Noch-Methode nutzen, um zeitig von einem Spielzeug wegzukommen (Seite 89)
- Verabschieden vom Spielzeug, damit dein Kind gelassener mitkommen kann (Seite 94)

Wenn Besuch kommt

Das eigene Spielzeug zu teilen, ist nicht einfach für dein Kind. Deshalb kann es den einen oder anderen Wutanfall geben, wenn ein Besuchskind mit seinem Lieblingsspielzeug spielen will. Meine Tochter liebte ihre Puppe und wollte sie mit niemandem teilen. Wenn sich Besuch mit Kindern angekündigt hatten, sagte ich zu ihr: „Dürfen die Kinder mit deiner Puppe spielen?" Wenn ich ein „Nein" erhielt (was immer der Fall war), dann sagte ich zu ihr: „Dann räume sie bitte jetzt weg, sodass das andere Kind deine Puppe nicht entdeckt. Ihr könnt anstatt der Puppe mit den Kuscheltieren gemeinsam spielen."

Wenn es sich um mehrere Spielsachen handelt, die dein Kind auf keinen Fall teilen will, dann könnte es eine Lösung sein, ein oder zwei Besucherkisten anzulegen, die hervorgeholt werden, wenn Kinder zu Besuch kommen. In diese Kisten kommen nur Spielsachen, die dein Kind gerne teilt.

Gibt es immer mal wieder Enttäuschung oder Wutanfälle wegen der Sitzordnung des Besuchs, dann könnte es eine Möglichkeit sein, mit deinem Kind Tischkarten zu basteln und Namen darauf schreiben. Beim Aufstellen der Tischkarten kannst du deinem Kind deine Gedanken mitteilen, wie „Ich glaube, dass Emilia bestimmt neben ihrer Mama sitzen will. Kannst du beim Aufstellen der Tischkarten darauf achten?"

Es könnten folgende Tipps für dich wichtig sein:

- Beobachte das Spiel der Kinder zuerst, bevor du eingreifst (Seite 56)
- Bereite dein Kind auf den kommenden Besuch vor (Seite 59)
- Habe die Wünsche deines Kindes im Blick, was ihm wichtig ist, wenn Besuch da ist (Seite 64)
- Schlage einen Kompromiss vor, wenn sich zwei Kinder überhaupt nicht einigen können oder ein Wutanfall droht (Seite 72)

Unter Geschwistern

Wenn jeder mit dem gleichen Spielzeug spielen will und dabei immer wieder Wutanfälle entstehen, könnte es von Vorteil sein, diese Regel einzuführen: „Derjenige, der das Spielzeug als erstes hatte, darf so lange damit spielen, bis er fertig ist. Dann erst darf das zweite Kind damit spielen."

Um deinem Kind das Warten zu erleichtern, kannst du etwas mit ihm spielen oder etwas vorlesen. Wenn du denkst, dass das Warten zu lange dauern wird, dann könntest du deinen Kindern das Konzept „Abwechseln" näher bringen. Was das heißt und wie es am besten gelöst werden kann (Uhrzeit ausmachen, Wecker stellen...).

Bei Wutanfällen unter Geschwistern könnten folgende Tipps für dich wichtig sein:

- Vielleicht braucht jedes deiner Kinder mehr positive Zuwendung im Alltag? (Seite 37)

- Einfühlungsvermögen: Wie fühlen sich deine Kinder gerade, was brauchen sie? (Seite 38)
- Erst einmal beobachten, ob die Kinder es alleine lösen können (ohne Gewalt, große Wut oder Verzweiflung!) – Seite 56
- Teile dich mit, wenn es dir zu laut wird (Seite 70)

Beim Erledigen von Hausarbeit

Ist dein Kind wütend, weil du keine Zeit hast, mit ihm zu spielen, dann binde es in die Aufgabe mit ein: „Ich spiele mit dir, wenn die Wäsche aufgehängt ist. Kannst du mir helfen, die Wäsche aufzuhängen? Dann sind wir schneller fertig und können spielen."

Bist du schon fast fertig mit deiner Aufgabe, dann kannst du dein Kind das Spiel schon einmal herrichten lassen, sodass ihr sofort spielen könnt, sobald du kommst.

Dauert deine Arbeit noch länger, dann könntest du deinem Kind auch sagen: „Schau mal: Wenn der große Zeiger der Uhr auf dieser Zahl ist – auf der sechs – dann komme ich und spiele mit dir. Sobald der Zeiger dort ist, darfst du mich holen, falls ich nicht schon bei dir bin."

Es könnten folgende Tipps für dich wichtig sein:

- Positive Zuwendung im Alltag: dann lässt dich dein Kind wieder länger arbeiten (Seite 37)
- Dein Kind braucht deinen Halt, Nähe und Beistand immer wieder (Seite 38)
- Bereite dein Kind darauf vor, wenn du an einem Tag ganz wenig Zeit haben wirst (Seite 59)
- Habe die Wünsche deines Kindes im Blick, wenn du deinen Aufgabenplan erstellst (Seite 64)

- Manchmal ist es wichtiger, die Zeit für das Stärken der Beziehung zu deinem Kind zu nutzen, als für Hausarbeit (Seite 96)

Teil 4: Reflexionsfragen für dich

Ich habe diese Fragen für dich aufgeschrieben, um dir die Möglichkeit zu geben:

- den Inhalt dieses Buches zu vertiefen
- über den Inhalt nachzudenken und auf deinen Alltag zu übertragen
- dein Verhalten im Alltag mit Kind zu reflektieren
- Lösungen für dich und eure ganz individuelle Trotzphasensituation zu finden
- das Wissen aus dem Buch in deinem Alltag praktisch anzuwenden

Nimm dir höchstens einen Frageblock vor, den du bearbeiten möchtest. Alle anderen Fragen kannst du zu einem späteren Zeitpunkt beantworten.

Du kannst dir natürlich auch nur drei bis fünf Fragen vornehmen und dich nach und nach durch die Fragen arbeiten.

Du brauchst Papier bzw. ein Notizheft und einen Stift. Jetzt kann es losgehen:

Fragen zum Teil 2 des Buches:

Fragen zu: Was braucht dein Kind während der Trotzphase von dir?

1. Wenn dich jemand unbemerkt mit deinem Kind beobachten würde: Erkennt der Mensch an deiner Wortwahl, deinem Tonfall und deinen Taten, dass du dein Kind liebst? In welchen Situationen kannst du mit „Ja“ antworten und in welchen mit einem „Nein“?
2. In welchen Situationen möchtest du deinem Kind vermehrt zeigen, dass du es lieb hast und für es da bist?
3. Woran kann dein Kind erkennen, dass du es lieb hast so wie es ist und dass du für es da bist? Wie machst du es, damit die Botschaft bei deinem Kind ankommt?
4. In welchen Bereichen kannst du deinem Kind ein größeres Mitspracherecht einräumen? In welchen Situationen darf dein Kind selbst entscheiden?
5. Wie zeigst du deinem Kind, dass du es in seiner Wut, Frustration oder Verzweiflung verstehst?
6. Wie könntest du einen Gang zurückschalten und deinem Kind mehr Zeit schenken, falls dein Alltag wie ein Rad ist, das am Laufen bleiben muss?
7. In welchen Situationen verwendest du Worte bzw. Sätze, die dein Kind verletzen?
8. Wie kannst du in diesen Situationen mehr Wertschätzung deinem Kind gegenüber entgegenbringen? In deiner Sprache? In deinen Gedanken? In deinen Taten?

Fragen zu: Wie kannst du dein Kind während eines Wutanfalls wertschätzend begleiten?

1. In welchen Situationen bekommt dein Kind einen Wutanfall?
2. Was braucht dein Kind während eines Wutanfalls? In deinem Arm gehalten werden? Oder nur deine Nähe ohne Körperkontakt? Will es über den Rücken gestreichelt werden oder helfen ihm beruhigende Worte? Hilft ihm das Widerspiegeln seiner Gefühle oder ist es besser, wenn du schweigst?
3. Fällt es dir schwer, die Wut deines Kindes auszuhalten bzw. anzunehmen?
4. Wie gehst du mit deiner eigenen Wut um?
5. Was hilft dir, deine Wut loszulassen?
6. Lässt du dich von der Wut deines Kindes anstecken? Was könntest du anders machen?
7. Was fällt dir beim Begleiten des Wutanfalls besonders schwer? Wie könntest du dich selbst stützen?

Fragen zu: Unterstütze dein Kind in seinem Drang nach Autonomie

1. Wie kannst du die Umgebung deines Kindes verändern, um ihm mehr Selbständigkeit zu ermöglichen? Schreibe deine Ideen für jedes Zimmer auf.
2. Zu welchen Tageszeiten gerätst du in Stress?
3. Wie kannst du diese Tageszeiten entspannen, ihnen ein paar Minuten extra einhauchen, damit du deinem Kind das „alleine machen“ zugestehen kannst?
4. Fällt es dir schwer, dein Kind nur zu beobachten anstatt ihm helfend zur Seite zu stehen?
5. Welche Vorteile hat dein Kind, wenn du nur beobachtest?
6. Bietest du Hilfe an oder gibst du die Hilfestellung sofort?

7. Wie reagiert dein Kind auf diese zwei Formen der Hilfe? Unterschiedlich?

Fragen zum Teil 3 des Buches

Fragen zu: Was kannst du tun, damit dein Kind weniger Anlass hat, wütend zu sein?

1. Hast du dein Kind bis jetzt auf kommende Ereignisse oder Tagespunkte vorbereitet? Gibt es Situationen, in denen du von deinem Kind erwartest, dass es sofort sein Spiel beendet, um das zu tun, was du sagst?
2. Wie – denkst du – empfindet es dein Kind, wenn es ohne Vorwarnung sein Spiel beenden soll?
3. Welche Vorteile hat es für dich und für dein Kind, wenn du dein Kind auf Kommendes vorbereitest?
4. Gehe durch deine Zimmer und notiere dir, wo oder an welchen Gegenständen es regelmäßig zu Wutanfällen kommt. Wie kannst du die Situation verändern, dass es dort keine Wutanfälle mehr gibt? Kannst du eine Situation anders gestalten, weil dein Kind dabei regelmäßig wütend wird?
5. Was ist deinem Kind wichtig? Was macht es am liebsten? Worauf reagiert es empfindlich, was macht es wütend?
6. Wie kannst du die Wünsche deines Kindes noch mehr in deinen Alltag integrieren?
7. Was will dein Kind alleine machen, schafft es aber noch nicht? Fällt dir dazu ein Trick oder ein Tipp ein, den du deinem Kind verraten kannst?
8. Gehe in Gedanken den Tag deines Kindes durch: Welche Erwartungen/Forderungen stellst du an dein Kind?
9. Könntest du ein paar dieser Erwartungen/Forderungen fallen lassen, um deinem Kind mehr Freiheit zu schenken?
10. Versetzte dich in dein Kind. Wie – denkst du – erlebt es einen Tag mit dir? Was gefällt ihm, was ärgert es?

11. Wie kannst du deinem Kind mit diesem Wissen den Alltag erleichtern?
12. Willst du eine Routine zu einer bestimmten Tageszeit einführen? Welche? Was willst du verändern? Was erhoffst du dir davon?
13. Welches Hilfsmittel könntest du einsetzen, um eine Erinnerungsstütze für dein Kind zu haben?
14. Wie willst du die erste und zweite Phase gestalten? Erste Phase = gemeinsam mit Kind; Zweite Phase = sich langsam zurückziehen

Fragen zu: Was dir helfen kann, um in der Trotzphase ruhiger und gelassener zu bleiben

1. In welchen Situationen fällt es die schwer, ruhig und gelassen zu bleiben? Stress? Müdigkeit? Finde eine Erinnerungsstütze für dich, damit du dich an deinen Pause-Knopf erinnerst. Nur so hast du die Möglichkeit, neue und gelassenere Wege zu gehen.
2. Schreibe dir auf, warum dein Kind wunderbar ist. Liste mindestens zehn Dinge auf.
3. Welche Kämpfe tragen du und dein Kind regelmäßig aus? Welche davon sind dir wirklich wichtig? Welche könntest du loslassen?
4. Wie könnte ein Kompromiss ausschauen, damit du nicht mit all deiner Macht den Kampf gewinnen musst (hinsichtlich der Themen, die dir wichtig sind)?
5. Welche langfristigen Erziehungsziele hast du? Was für ein Mensch soll dein Kind werden? Wie soll es sich als Erwachsener in der Gesellschaft verhalten?
6. Was ist dir wichtiger: Dass dein Kind auf dich hört und folgsam ist – in diesem einen Moment – oder dass du mit deinem Handeln und Sprechen deine Erziehungsziele unterstützt?
7. Überlege dir, wie du diese Erziehungsziele in deinen Alltag integrieren kannst.

8. Wie kannst du dir eine Auszeit gönnen? Wenn eine andere Person deine Kinder übernehmen kann? Wenn du alleine mit deinen Kindern bist? Welche Möglichkeiten findest du, um zur Ruhe zu kommen, während die Kinder bei dir sind?
9. Wie kannst du schwierige Situationen besser annehmen? Welche neuen, positiveren Gedanken könntest du in diesen Situationen aufrufen?
10. Bist du perfektionistisch veranlagt? In welchen Situationen kannst du weniger perfekt sein?
11. Kannst du manche Situationen, in denen du dich regelmäßig ärgerst, humorvoller sehen bzw. diese Situationen humorvoller gestalten? Wie?

Fragen zu: Lass den Sturm an dir vorüberziehen – oder: die Ruhe nach dem Sturm

1. Was ist deine Standartantwort deinem Kind gegenüber? „Ja" oder „Nein"? Wann könntest du öfters „Ja" sagen zu deinem Kind?
2. Welche Vorteile hätte es, wenn du öfters „Ja" sagst? Für dich? Für dein Kind?
3. In welchen Situationen könntest du die Einmal-Noch-Methode gut anwenden?
4. Womit kannst du dein Kind ablenken, wenn die Wut aufzieht? Welche Sätze könntest du sagen? Was ihm zeigen? Welches Lied singen?
5. Wie kannst du langweilige Tätigkeiten für dein Kind lustiger gestalten (Windeln wechseln, Zähne putzen, anziehen...)? Mit humorvollen Erklärungen? Indem du die Fantasie deines Kindes nützt?

Schlusswort

Ich danke dir, dass du dieses Buch gekauft und dir die Zeit zum Lesen genommen hast. Von ganzem Herzen wünsche ich dir, dass du und dein Kind die Trotzphase Hand in Hand durchlebt, mit so viel Gelassenheit und Wertschätzung wie möglich und vielen schönen Momenten dazwischen.

Impressum

Die Trotzphase
Verstehe dein Kind in dieser Zeit, begleite es wertschätzend und lass den Sturm an dir vorüberziehen
von Petra Straßmeir

Autorin: Petra Straßmeir
Irschenhauserstr. 37
82057 Icking

Literaturverzeichnis

- Covey, Stephen R.,The 7 habits of highly effective families
- Gordon, Thomas, Familienkonferenz
- Häberli-Nef, Ursula, Wie viel Freiheit braucht mein Kind
- Kohn, Alfie, Liebe und Eigenständigkeit
- Riecke-Niklewski, Rose und Niklewski, Günter, Handbuch Kinder ... von winzig klein bis ganz schön groß
- www.kleinwirdgross.de
- http://www.elternwissen.com/erziehung-entwicklung/erziehung-tipps/art/tipp/trotzanfall-wie-viel-nein-darf-sein.html

---

1 http://www.ekiz-dachverband.at/fileadmin/media/news_themen/das_Trotzalter.pdf

2 Buch: Renz-Polster, Herbert, Kinder verstehen

3 http://www.dieonlinepsychologen.de/tag/trotz-bei-kindern.html

4 http://www.ojeichwachse.de/kleinkind/mentale-sprunge-kleinkinder/bocksprunge-kind/

5 http://www.kindergesundheit-info.de/themen/entwicklung/entwicklungsschritte/soziale-entwicklung/

6 http://www.kindergesundheit-info.de/themen/entwicklung/entwicklungsschritte/emotionale-entwicklung/

7 http://www.kinder.de/themen/kleinkind/entwicklung/artikel/die-entwicklung-des-kindes-im-3-lebensjahr/entwicklung-zur-selbstaendigkeit.html

8 http://www.knetfeder.de/kkp/entwuebersichtfenster.html

9 http://www.kindergesundheit-info.de/themen/entwicklung/entwicklungsschritte/geistige-entwicklung/magische-phase/?query=magische%20phase

10 Riecke-Niklewski, Rose und Niklewski, Günter, Handbuch Kinder ... von winzig klein bis ganz schön groß

11 Kohn, Alfie, Liebe und Eigenständigkeit

12 Kohn, Alfie, Liebe und Eigenständigkeit

13 Gordon, Thomas, Familienkonferenz

14 http://www.arbor-verlag.de/files/9783936855647.pdf

15 http://www.arbor-verlag.de/wutanfall-als-heilungsprozess

16 http://www.ekiz-dachverband.at/fileadmin/media/news_themen/das_Trotzalter.pdf

17 http://www.montessori-paedagogik.info/die-vorbereitete-umgebung/

18 Kohn, Alfie, Liebe und Eigenständigkeit

19 Gordon, Thomas, Familienkonferenz

20 Gordon, Thomas, Familienkonferenz

21 Covey, Stephen R., The 7 habits of highly effective families

22 Kohn, Alfie, Liebe und Eigenständigkeit

23 http://kleinwirdgross.de/entspannter-alltag-mit-kind/

14257673R00072

Printed in Poland
by Amazon Fulfillment
Poland Sp. z o.o., Wrocław